Peter Paul Kaspar
# KNABENSEMINAR

Peter Paul Kaspar

# KNABENSEMINAR

## Ein Nachruf

OTTO MÜLLER VERLAG

**Kaspar, Peter Paul:**
Knabenseminar : ein Nachruf / Peter Paul Kaspar. –
Salzburg ; Wien : Müller, 1997
ISBN 3-7013-0943-4

ISBN 3-7013-0943-4
© 1997 Otto Müller Verlag, Salzburg/Wien
Satz: Fotosatz Rizner, Salzburg
Druck: Druckerei Roser, Salzburg-Mayrwies
Umschlaggestaltung: Leo Fellinger

# INHALT

Prolog im Himmel                        7
Erzbischöfliches Knabenseminar          13
Silentium religiosum                    23
Berufung                                30
Seelenwäsche                            38
Leibliche Reinigung                     47
Mens sana in corpore sano               55
Pflichterfüllung                        64
Zwischen Furcht und Langeweile          71
Qua flumen intermittit                  79
Ministrantenlatein                      86
Musik und Lektüre                       93
Alle Jahre wieder                       102
Knabenspiele                            113
Ave maris stella                        121
Abschied und Wiederkehr                 129

Zur Geschichte dieses Buches            140

Im Jahr 1992 wurde das Knabenseminar in H. nach 111jährigem Bestand geschlossen.

Es diente in dieser Zeit dazu, Gymnasiasten auf das Theologiestudium und das Priesteramt vorzubereiten.

Zuletzt fanden sich kaum mehr Zöglinge für dieses Internat.

Dieses Buch ist ein Nachruf.

# Prolog im Himmel

*Es hat schon früh von dir Besitz ergriffen: Die weiten Räume, die hohen Gewölbe, die ungewöhnliche Atmosphäre, die feierliche Handlung, die erhabenen Gesten, die fremde Sprache, die festliche Musik, die Andacht der Menschen und die abgehobene Ergriffenheit des Priesters. Die Langsamkeit stand in einem auffallenden Kontrast zur Hurtigkeit des Knabenlebens außerhalb. Im Flackern der Kerzen, im Klang der Orgel, in den Wolken aus Weihrauch hat dich eine verführerische Sinnlichkeit berauscht und umnebelt. Du bist der Faszination der goldbestickten Gewänder, der kostbaren Gerätschaften, der hohen Altäre mit ihren Bildern und Figuren, den Verführungskünsten der weichen Musik, der wallenden Gewänder und der wogenden Sprache erlegen. Bewundernd und sehnsüchtig blicktest du zum Priester auf, der inmitten des heiligen Getriebes unbeirrt und nach innen gewandt seine unabänderlichen Riten vollzog.*

\*

*Daheim hast du das göttliche Spiel nachgespielt, dir Geräte gebastelt, die den sakralen Geräten ähnlich schienen, sie mit Stanniolpapier überzogen, dich mit Tüchern bekleidet, die dich zum kleinen Priester machten, deine Geschwister zum Ministrieren eingeteilt oder ihr Befremden geduldig hingenom-*

men. Sobald es ging, hast du dich zum Ministrantendienst gemeldet, dich zuerst als kleinlauter Mitläufer verdingt, die lateinischen Gebete der Größeren mit Respekt mitgehört, dann vage mitgemurmelt und zuletzt stolz nachgeredet. Zuerst in unverstandenem Kinderlatein, fehlerhaft und undeutlich gehaspelt, doch zuletzt mit stolzem Gerassel vorgetragen, als die älteren Ministranten deinen Eifer entdeckt hatten. Wie ein Wunderkind reichten sie dich zur Besichtigung herum, als sie merkten, daß du – noch nicht einmal des Lesens und Schreibens kundig, von Latein ganz zu schweigen – das lange und gefürchtete Confiteor mit gleicher Geschwindigkeit hersagen konntest wie sie.

*

Sie waren die Altgedienten, denen man in ungezählten Ministrantenstunden die unverstandenen Texte eingebleut hatte. Sie waren es, die sich mit zähem Ernst in die innerste Schar der Meßdiener vorgedient hatten: fähig zum bevorzugten Amt, Wasser und Wein zu reichen, das Lavabo zum Übergießen der gesalbten priesterlichen Hände richtig zu bedienen, das Meßgewand des Priesters beim heiligsten Augenblick zu heben und gleichzeitig die Wandlungsglocke zu läuten, die athletische Leistung vollbringend, das riesige Meßbuch auf seinem Holzpult von einer Altarseite zur anderen zu balancieren, ohne zu stolpern, und die goldene Patene zur Kommunionspendung unter das Kinn der Kom-

*munikanten zu halten, ohne über die herausge-
streckten Zungen zu lachen. Bei all dem die höchste Stufe des Ministrantenlebens vor Augen: die
Würde des weihrauchfaßschwingenden Meßdieners,
der gleich den höchsten Engeln – den Cherubim
oder Seraphim – das Allerheiligste mit duftenden
Rauchschwaden umhüllen und so den neugierigen
Blicken respektloser Gläubiger entziehen durfte.
Soweit auf Erden Himmel möglich sein konnte –
hier war es Ereignis.*

*

*In der Schule war es die Religionsstunde, die
dich, den bereits routinierten Kleinministranten am
meisten interessierte: die Erschaffung der Erde und
des Menschen, Adam und Eva, die Schlange und
die Vertreibung aus dem Paradies. Sosehr dich die
biblischen Geschichten faszinierten und erbauten,
sosehr verschreckten dich Hölle und Fegefeuer, die
Hauptsünden und die arge List des Teufels. Du
lerntest die Todsünde – etwa sonntags die Kirche
gemieden zu haben – zu meiden. Was dir als Meßdiener weniger schwerfiel, als deinen Zorn zu be-
kämpfen und wörtliche und handgreifliche Übeltaten zu unterlassen. Du fürchtetest dich, auf ewig
in der Hölle zu brennen, falls dir auf dem Weg in
die Kirche, um deine jüngste schwere Sünde zu
beichten, ein Stein auf den Kopf gefallen wäre. So
wichst du überhängenden Dächern und anderen
lebensbedrohenden und höllenverheißenden Gefah-*

*ren aus. Du lerntest unvollkommene und vollkommene Reue zu unterscheiden und letztere soweit einzuüben, daß sie dir im Notfall in den wenigen Minuten, die dir zum Sterben bleiben könnten, gelänge. Denn darin bestand die letzte Möglichkeit des Sünders, doch noch ohne Beichte in den Himmel zu kommen.*

\*

*Dein Eifer in Dingen der Religion und des Meßdienstes fiel auf. Man begann – halb spöttisch und halb in Bewunderung – dich als Pfarrerlehrbuben zu sehen. Und das traf. In verschämter Stunde den Eltern gesagt, wuchsen Wunsch und Sehnsucht, steigerten den Eifer im Dienst am Altar und führten schließlich zu einem Geständnis vor dem Pfarrer. Er selbst hatte schon längst gemerkt, was sich da anbahnte. Und so erzählte er dir von einem Haus, in dem viele Buben mit dem gleichen Wunsch, Priester zu werden, zusammenlebten und die Schule besuchten. Ein Internat, von geistlichen Erziehern geleitet, für die acht Jahre des Gymnasiums bis zur Matura: das „Knabenseminar". Hier geschah die Vorbereitung auf das spätere fünfjährige Universitätsstudium im „Priesterseminar" bis zur Priesterweihe. Das war der normale Weg zum Priesteramt. Dreizehn Jahre insgesamt – nach abgeschlossener Volksschule. Und deren Ende war schon abzusehen.*

\*

*Eine Aufnahmeprüfung war zu bestehen, und die letzten Vorbedingungen für den Eintritt ins Knabenseminar waren zu erfüllen. Die Prüfung bedeutete keine besondere Hürde: Ein Aufsatz über deinen Berufswunsch gab dir Gelegenheit, zugleich deine geistige mit deiner geistlichen Eignung zu beweisen. Letzteres war nach einigen Jahren der Meßdienerei nicht allzu schwierig. Nun waren nur noch die letzten Vorbereitungen zu treffen. Bettwäsche war anzuschaffen, Handtücher, Schulutensilien. Die Wäsche mußte noch mit einer eigenen Nummer versehen werden, damit alles im Seminar gewaschen werden konnte. Die letzten Ferien nach dem Abschluß der Volksschule gingen zu Ende und der Beginn des neuen Schuljahres kam heran. Dann war es soweit.*

*

*Der Abschied vom Elternhaus fiel dir nicht allzu schwer. Die freudige Erwartung, in einem eigenen Haus mit vielen anderen Auserwählten unter geistlicher Leitung dem ersehnten Beruf näherzukommen, überdeckte die Trennung. Das Knabenseminar – fünfzig Kilometer entfernt – wurde mit der Bahn erreicht. Autos waren damals noch selten. Du wurdest von Geschwistern mit einem kleinen Leiterwagen zum Bahnhof gebracht. Der große Koffer wäre ohne Hilfe den weiten Weg kaum zu tragen gewesen. Doch die Bahnfahrt war allein zu bewältigen. Die erste Reise ohne Begleitung*

*deiner Eltern – Aufbruch in ein neues Leben ab-*
*seits der Familie. Mit zehn Jahren auf dich gestellt.*
*Mit zaghaftem Stolz über die dir zugetraute Selb-*
*ständigkeit. Doch schon am Zielbahnhof wurdest*
*du erwartet und mit anderen Neuankömmlingen*
*samt deren Gepäck ins Seminar gebracht.*

# Erzbischöfliches Knabenseminar

Die feierliche Atmosphäre des Hauses nahm einen gleich gefangen: Die hohen und weiten Gänge, die vielen Bögen und gewölbten Räume, die auch außerhalb der Kapelle auf eigenartige Weise religiös stimmten. Die geistlichen Vorsteher in den langen schwarzen Gewändern, ihr gemessener Schritt, ihre ruhige Gebärde, ihre gehobene Sprache. Die zahlreichen Regeln und Vorschriften, deren wichtigste bereits in den ersten Stunden bekanntgegeben wurden, deren Einhaltung ungefragt hingenommen wurde und wie auf göttliches Geheiß aufgetragen war.

Schon die Sprache verhieß den Nimbus des neuen Bewußtseins, auserwählt zu sein. Man war kein Schüler mehr, sondern ein Seminarist. Man hatte keine Lehrer mehr, sondern Professoren. An die Stelle der Eltern, die ja schließlich jeder andere auch hatte, bekam man Präfekten als Erzieher. Man war zwar darauf gefaßt gewesen, nach den vier Klassen Volksschule nun wieder als Erstklassler am Gymnasium beginnen zu müssen. Doch dann hörte man erfreut, daß man ein Primaner war. Zwar erst im untersten Rang – und dennoch sprachlich herausgehoben und ausgezeichnet. Der lateinische Ausdruck schien die verschüchterte Existenz des zehnjährigen Neuankömmlings mit einem Schlag zu adeln. Es war deutlich zu spüren: Man war auserwählt.

Noch vor der ersten Lateinstunde lernte man die Stufenleiter schulischer Rangordnung in dieser Sprache zu benennen. Die Bezeichnungen klangen gut und weckten zugleich die Erwartung, über die Sekunda und die Tertia, die Quarta und die Quinta in die Oberstufe aufzusteigen. Sah man doch die Großen, die Sextaner und Septimaner mit hohem Wuchs und tiefer Stimme dem Ziel entgegenstreben: als Oktavaner, als Maturant und schließlich als Abiturient auf den nächsten Anfang zuzugehen, dem Studium an der Universität und am Priesterseminar. In den Seminaristen der höheren Klassen hatte man die nächsten acht Jahresziele und das erste große Etappenziel vor Augen.

Eine Regel, zwar nicht zu streng aber doch im wesentlichen eingehalten, brachte es mit sich, daß man mit einer Mischung aus Begehrlichkeit und Sehnsucht zu den Großen aufblickte: Man sollte nur Umgang mit den eigenen Klassenkameraden pflegen – Freundschaften quer durch die Altersschichten waren verpönt. Zu den Großen aufzuschauen und spätestens als Sekundaner auf die Kleineren herabzublicken, wurde zur Grundlage einer gutgegliederten Klassengesellschaft, zumal es in den einzelnen Klassen Ämter und Beauftragungen gab, die das Ansehen vermehrten: Die verschiedenen Stufen des Ministrierens, die Dienste als Vorleser im Speisesaal und im Gottesdienst, Ämter wie Bibliothekare oder gar die Senioren der siebenten Klasse, die den Präfekten vertreten und Aufsicht über die Schüler niederer Klassen führen durften, diffenzierten Ansehen und Macht.

Im großen Speisesaal, der unterhalb der Kapelle die gleichen erhebenden Gewölbe wie der Kirchenraum aufwies, saß man bei den Mahlzeiten nach Klassen geordnet. Mittendrin aber, am auffallend weiß gedeckten Vorstehertisch, saßen die Geistlichen des Hauses in ihren schwarzen Talaren als immerwährende Erinnerung an das, was man selbst einmal werden wollte. Freilich nannte man die Vorsteher nicht wie die Priester daheim: Pfarrer oder Kaplan. Auch hier gab es nur Menschen besonderer Art wie nirgends sonst, jedoch in wohlabgestimmter Hierarchie wie in allen anderen Bereichen des Knabenseminars.

Zunächst kamen die Präfekten, die Untersten in der Stufenleiter geistlichen Ansehens und häuslicher Vollmacht innerhalb der Vorstehung. Jedem Präfekten waren ein oder zwei Klassen zugeteilt, zur Aufsicht, zur disziplinären und pädagogischen Betreuung. Sie waren junge Priester, häufig selbst ehemalige Zöglinge des Hauses, und hatten meist erst wenige Jahre Kaplansdienst hinter sich. Neben ihrer Erziehertätigkeit – für die es keine besondere Ausbildung gab – erteilten sie an einer der umliegenden Schulen, nicht aber am Gymnasium, Religionsunterricht. Mit ihnen war man täglich, wenn nicht stündlich im Kontakt. Sie hatten die Aufsicht vom Aufstehen am Morgen bis zum Schlafengehen am Abend – unterbrochen lediglich während der Zeit des Schulunterrichts.

Auf einer höheren Stufe der häuslichen Hierarchie befand sich der Spiritual, ein Priester mittleren Alters, der sich um die geistlichen Belange der Seminaristen zu kümmern hatte. Für viele war er Beichtvater, für alle war er – wenn auch nicht immer erwünschter – geistlicher Führer und Berater. Daneben unterrichtete er Religion am öffentlichen Bundesgymnasium, das auch von den Seminaristen besucht wurde. Im Seminar selbst war er im Normalfall Zelebrant im täglichen und Prediger im sonntäglichen Gottesdienst. Ebenso hielt er die übrigen religiösen Übungen und Veranstaltungen, die Andachten, das tägliche Abendgebet in der Kapelle, die regelmäßigen Beichtvorträge und Einkehrtage. Die Trennung des disziplinären vom religiösen Bereich war im Präfekten und im Spiritual vorgegeben.

Auf einer ähnlichen mittleren hierarchischen Ebene war ein Priester einzuordnen, der zwar keine unmittelbare Funktion im Knabenseminar ausübte, jedoch im Hause wohnte und an den Mahlzeiten am Vorstehertisch teilnahm. Er war ebenso wie der Spiritual Religionsprofessor am Gymnasium und hatte deshalb mit den meisten Seminaristen auf diesem Weg wenigstens für einen Teil der Schuljahre als Lehrer zu tun. Er spielte eine eher informelle, aber nicht unwichtige Rolle unter den Seminaristen und in der Vorstehung und sollte es später zu höchsten kirchlichen Würden bringen. (Was damals als Vorhersage kaum einen Seminaristen verwundert hätte. Umso mehr, als es später tatsächlich eintrat.)

An der Spitze der Vorstehung und des Knabenseminars stand der Rektor, ein echter römischer Monsignore: ein päpstlicher Ehrentitel, wie man bald erfahren konnte, ohne genauer zu wissen, was er zu bedeuten hatte. Lediglich die violette Bauchbinde – das Zingulum – zeigte zu besonderen Anlässen seine Würde an. Doch die Vorstellung, daß jemand vom Papst persönlich ausgezeichnet war und man selbst die Ehre hatte, unter seiner Leitung Seminarist zu sein, verstärkte das Bewußtsein der Erwählung. Als bald darauf auch der Spiritual mit gleicher Farbe und Betitelung geehrt wurde, war jener klerikale Nimbus deutlich zu spüren, der subtile Eitelkeit mit demonstrativer Demut zu verbinden wußte. Der Rektor, der Spiritual und der Religionsprofessor waren Doktoren der Theologie, was den hierarchischen Abstand zu den Präfekten markierte, die nur einfache Priester waren, und den Zöglingen bewußt machte, welch hochqualifizierten Klerikern man anvertraut war.

In dieser künstlichen Welt der Knaben und Männer gab es dennoch Frauen. Reichlich verhüllt – wie es Ordensfrauen geziemt – aber spürbar anwesend und die männliche Welt in drei wichtigen Bereichen prägend: Die beiden ersten Klassen wurden von je einer Schwester betreut – sozusagen das mütterliche Element neben dem väterlich-strengen des Präfekten. So sollte in den ersten Seminarjahren die Abnabelung vom Elternhaus gefördert und das Heimweh nach der Mutter gemildert werden. Die Schüler höherer Klassen blickten voll Nachsicht auf die Kleinen, auf die Schüler der ersten beiden Klassen, die noch von einer Frau betreut werden mußten, bevor sie in den engeren Kreis der Kirchenknaben und Kirchenmänner eintreten durften – abseits verweichlichter und des Altardienstes unwürdiger Weiblichkeit.

Außerdem wirkten im Küchen- und Haushaltswesen Ordensfrauen – unterstützt vom wenig sichtbaren und unscheinbaren weiblichen Küchenpersonal. Zuletzt gab es den Bereich der Krankenpflege unter der Leitung einer ebenso kleinen wie resoluten Schwester, welche die alltäglichen Verletzungen und Beschwernisse in abendlicher Ambulanz und auch die Krankenzimmer für die Bettlägerigen betreute. All dies in – wie es schien – unvermeidlicher Weiblichkeit und in jener dezenten Verhüllung, die nur das Gesicht und die Hände freiließ. Nie bekam man auch nur eine winzige Haarsträhne einer Schwester zu Gesicht, was den üppigsten Gerüchten über kahlgeschorene oder streng beschnittene Schwesternköpfe reichlich Nahrung bot. Ähnlich, wie auch die Mutmaßungen über das Alter der Ordensfrauen auf abenteuerliche Weise divergierten.

Inmitten eines solch ungewohnten Personenkreises von Präfekten und Schwestern, von Primanern und Oktavanern, eingewiesen in ein neues Leben in ungewohnten Räumen, in Studier- und Schlafsälen, in Waschräumen und Kabinenklos, zusammengeführt in eine mehr als zweihundertköpfige Schar in Speisesaal und Kapelle, auf Spiel- und Sportplätzen, insgesamt in einem riesigen kloster- oder kasernenähnlichen Gebäude, das man nur über eine bewachte Pforte betreten oder verlassen durfte, am Rande einer Kleinstadt abseits der großen Städte und Verkehrsströme – so begann ein neues Leben, für voraussichtlich acht lange Jahre.

Nach zehn Kindheitsjahren bei Eltern und Geschwistern daheim befand man sich viele Kilometer und etliche Reisestunden vom Elternhaus entfernt und zunächst für fast vier Monate ohne Besuchsmöglichkeit auf den Briefkontakt beschränkt – allein. Und all das nicht, weil man von den Eltern weggegeben worden wäre, sondern weil man selbst es wollte. Für einen Beruf, für den man Vater und Mutter – und noch vieles, von dem man damals nichts ahnte – verlassen und aufgeben zu müssen meinte. Die kindliche Sehnsucht nach herausgehobener Berufung zum geistlichen Stand war in einen unauflösbaren Widerspruch zu einer anderen Sehnsucht getreten: der nach der Geborgenheit in der Familie, nach Eltern und Geschwistern. Ein unversöhnlicher Gegensatz.

Ein neues Leben hatte begonnen. Doch nicht in irgendeiner Schule oder in einem beliebigen Internat. Hier war ein besonderer Ort und die Menschen waren besondere Menschen. Erwählte. Man war angekommen und aufgenommen, man wurde eingeführt und eingewiesen in ein neues

Leben – das Leben im erzbischöflichen Knabenseminar.

*

*Die erdrückende Kraft der Gewölbe. Das Hohe
und Erhabene macht dich klein. Die schwarzen
Talare der Vorsteher stellen dir jene andere Welt
vor Augen, nach der du dich sehnst: Erhoben durch
die Erhabenheit des Göttlichen, geadelt durch die
Heiligkeit des Dienstes, aufgenommen in die Schar
der Erwählten. Doch vorläufig bleibt dein Schicksal am Boden:*

*„Hier liegt vor Deiner Majestät*
*im Staub die Christenschar.*
*Das Herz zu Dir, o Gott, erhöht,*
*die Augen zum Altar."*

*Ein langer und mühsamer Weg wird es sein, vom
Staub zum Altar – per aspera ad astra – der rauhe
Weg zu den Sternen.*

*

*Den Altar vor Augen: Dort hat es dich schon
früh hingezogen. Der Ministrantendienst daheim.
Der Nimbus des Feierlichen, des Theatralischen,
die festlichen Gewänder, die getragene Musik, die
erhabenen Gesten, das geheimnisvolle Latein, die
würdige Gestalt des Priesters – das hat dich in seinen Bann gezogen, dort wolltest du hin.*

*Du hattest mit den ersten bescheidenen Diensten*

20

*als Ministrant begonnen, am Rande des Geschehens. Noch ohne eigene Aufgaben bist du mit den Großen mitgelaufen – nein: geschritten – hast ihr unverstandenes Latein mitgeplappert, ihre Tätigkeiten beobachtet, ihre Haltung nachgeahmt. Unmerklich bist du in die Erhabenheit des heiligen Dienstes hineingewachsen, hast deine Schritte verlangsamt, deine Stimme gedämpft, deine Körperhaltung veredelt.*

*So bist du in den ersten Vorhof des Heiligtums eingetreten.*

\*

*Hier nun bist du angekommen. Das Ende deines Lebens daheim ist der Beginn deines neuen Lebens im Knabenseminar. Der erste Schritt zum Altar. Der erste Schritt auf einem langen Weg:*
*„Durchs Erdenleben ziehen wir*
*zum Tod, ein schwerer Gang;*
*wie klingt der letzte Scheidegruß*
*so trüb einst und so bang!*
*Doch liebend gingest Du voran*
*mit stillem Opfermut,*
*es floß am harten Kreuzesstamm*
*Dein letzter Tropfen Blut."*
*Scheidegruß – eine Erinnerung an den Abschied von daheim, zum ersten Mal für mehrere Monate der Trennung: trüb und bang. So wird es nun immer wieder sein. Du kannst nicht früh genug damit beginnen, die Trennung einzuüben. Du mußt das*

*Heimweh nach Gott in dir wachsen lassen, dann wird es das Heimweh nach deiner Familie übertönen. Schon für den Zehnjährigen heißt es – wie später noch oft: Ein Priesterleben ist ein Opferleben.*

\*

*Vieles wirst du in deinem Leben opfern müssen. Deine Familie, Eltern und Geschwister, deine engere Heimat, deine Vorlieben, Vergnügungen und Freiheiten. Zuletzt dich selbst. Erst wenn du alles geopfert haben wirst, erst wenn du – wie Jesus am Kreuz – alles hingegeben haben wirst, wirst du ein Priester nach dem Herzen Jesu sein.*

# Silentium religiosum

Obwohl Latein erst ab der dritten Klasse auf dem Lehrplan stand, machten sich lateinische Ausdrücke bereits im Leben des Primaners breit. Das silentium religiosum – das religiöse Schweigen – wirkte schon kraft seines Namens wie eine göttliche Verordnung. Und der Verstoß dagegen hatte etwas von einer Auflehnung gegen Gott persönlich an sich.

Es waren bereits die verschiedenen profanen Schweigegebote und Redeverbote reichlich bemessen und oft hart sanktioniert: Die täglich stundenlangen Studierzeiten unter Aufsicht im Studiersaal, von der Schwester, dem Präfekten und später den Senioren kontrolliert, die Zeiten während der Tischlesung im Speisesaal und natürlich die Unterrichtszeiten am öffentlichen Bundesgymnasium, das die Seminaristen täglich aufsuchten – wenngleich unter regelmäßigen Warnungen vor der weltlichen Gesinnung der anderen Schüler und der wenigen Schülerinnen und mancher angeblich dem Seminar nicht wohlgesonnener Professoren. Diese weltlichen Schweigezeiten teilte man immerhin mit anderen Schülern, mit Insassen anderer Heime und Internate.

Doch das Silentium religiosum galt als Besonderheit der Erwählten. Mochten sich andere mit unnützen Gesprächen, mit oberflächlicher Lektüre oder gar mit leichtfertiger Unterhaltung die Abende und bisweilen die Nächte vertreiben – ganz anders der Seminarist: Er richtet sein Sinnen ganz auf Gott. Und nach dem gemeinsamen Abendgebet in der Kapelle gilt eisernes – nein: heiliges – Schweigen bis zum nächsten Morgen, nach der täglichen Frühmesse. Verstöße dagegen wurden strengstens geahndet. Dafür überschlug sich dann das Mitteilungsbedürfnis beim Frühstück im Speisesaal. Wenn auch nur für kurz. Denn knapp war die Zeit bis zum schweigsamen Morgenstudium als Vorbereitung vor dem Schulgang. Dieser währte bloß wenige Minuten. Denn das Gymnasium lag nur ein paar Schritte entfernt am selben Platz, dem Seminar gegenüber.

Den größten Teil des Silentium religiosum verbrachte man in einem Raum von kalter Kahlheit. In einem riesigen Schlafsaal befanden sich für alle – bis zu vierzig – Schüler einer Klasse in zwei langen Reihen je ein Bett und ein Sessel. Nachtkästchen gab es keine. Der Sessel hatte tagsüber immer leer zu sein. Lediglich nach dem Auskleiden diente er als Ablage für das Gewand. Die Betten wurden in einer genau eingeübten Weise täglich nach dem Frühstück gemacht. Symmetrie, Ebenmäßigkeit und Faltenlosigkeit waren unabdingbar. Ansonsten brachte ein einziger schneller Handgriff des Präfekten oder der Schwester das Bett in jenen vernichteten Urzustand, dem man lange Zeit täglich entgegenbangte. Und nie war man ganz sicher, ob der gefürchtete Sport des Bettenaufreißens immer nur von den hiezu befugten Autoritäten und nicht manchmal auch von mißgünstigen Klassenkameraden ausgeübt wurde.

Der Schlafsaal verdeutlichte in seiner schmucklosen Kahlheit die unabdingbare Härte des heiligen Schweigens. Lediglich ein Kreuz zierte eine der Wände. Hier war die Stille nicht geboten, weil man zu lesen, zu studieren oder zuzuhören hatte. Das Gebet war die einzige erlaubte und gebotene Weise, das Schweigen einem bestimmten Zweck zuzuführen. Ansonsten hatte die nächtliche Stille – außer der körperlichen Reinigung und dem Aus- und Ankleiden – keinen Zweck. Sie hatte jedoch einen Sinn: Du bist mit Gott allein. Gerade im Bett, in Schlaf und Traum war Einsamkeit geboten. Nur verweichlichte Bürger schlafen zu zweit in weichen Betten und warmen Räumen. Der Seminarist lernt im kalten Schlafsaal der verweichlichten Existenz weltlicher Menschen zu entsagen.

Außer Bett und Sessel stand jedem Seminaristen auch ein schmaler, unversperrbarer Schrank zur Verfügung. Auch hier war die Ordnung penibel vorgeschrieben. In welchem Fach welche Wäsche auf welche Art gefaltet zu liegen hatte, war geregelt und wurde von Zeit zu Zeit kontrolliert. Anderes als Wäsche und Kleidung hier aufzubewahren, war nicht gestattet. Für das wenige an Persönlichem reichte der Schreibtisch im Studiersaal – ebenfalls unversperrt. Lebensmittel kamen in ein Namensfach in der Jausenkammer, Schuhe und Schuhputzzeug in ein Kästchen im Schuhputzraum, Gebetbücher in ein Fach am jeweiligen Platz in der Kapelle. Da nichts versperrt war, brauchte man auch keinen Schlüssel.

Der Schlafsaal war tagsüber zu meiden und notfalls nur kurz zu betreten, wenn man etwas aus dem Wäscheschrank holen mußte. Ansonsten war er der Hauptschauplatz des Silentium religiosum, das sich allerdings im Schlaf zu einem bunten Gemisch aus Heimweh, Phantasien und Ängsten verband, aus dem man in der Früh mit einer schrillen Klingel zur Morgenreinigung und zum schweigenden Gang in die Kapelle gerufen wurde.

*

*Bedenke wieviel an Unnützem und Oberflächlichem im Laufe eines Tages geredet wird. Gott ist allmächtig, allgegenwärtig, allwissend. Er weiß alles und kennt deine geheimsten Gedanken. Er kennt dich besser als du selbst dich kennst. Ihm wirst du nichts vormachen können. Du wirst Gott einmal Rechenschaft ablegen müssen über jedes unnötige Wort. Denk daran!*

*

*Die zahlreichen Besuche in der Hauskapelle sind qualitativ und quantitativ steigerungsfähig. Man kann noch mehr, noch öfter und noch länger beten – den Rosenkranz, diverse Litaneien und Andachten, den Kreuzweg. Qualitativ steigerungsfähig ist die Körperhaltung: So viel wie möglich knien. Der*

*Zustand der Beinkleider legt Zeugnis davon ab.
Zeig mir deine Knie – und ich sage dir, wie fromm
du bist. Ausgebeulte Hosen zieren den Seminaristen. Die Hornhaut auf den Knien adelt die Seele.*

*

*„Segne, Jesu, Deine Herde,
welche Dir zu Füßen fällt
und die Güter dieser Erde
nur von Deiner Gnad' erhält.
Herr, Dein teures Fleisch und Blut
ist das größte Seelengut,
welches würdig zu empfangen
wahre Christen stets verlangen."*

*Der sakramentale Segen versammelt die Seminaristen zu eucharistischer Anbetung: kniend vor
dem Ziborium, dem mantelbedeckten Speisekelch,
an gewöhnlichen Tagen – vor der Monstranz, dem
die Hostie strahlenumkränzenden goldenen Prunkgerät, an Sonn- und Festtagen. Viel Weihrauch als
zum Himmel aufsteigende Gebetswolken, viele
Gebete und Lieder zu allgemeiner Erbauung:*

*„Mach verstockte Herzen weich
und an wahrer Tugend reich,
stärk uns auch mit dieser Speise
endlich zu der Himmelsreise."*

*

*Frühmesse – zweihundert Knaben in der kalten
Kapelle, die Blicke wechseln zwischen dem Gesche-*

hen am Altar, dem Verhalten der ministrierenden Kameraden, dem Gebetbuch und den Mitschülern rundum. Stille – geflüsterte Gebete – Gewetze in den Bänken – abschweifende Gedanken – Versuche, die Andacht zu wahren. Es kommt zur Wandlung. Aus dem Meßbuch:

*„Der Priester fährt im Kanon fort. Er nimmt bei den entsprechenden Worten in Nachahmung des Herrn das Brot in die Hände, erhebt die Augen zum Himmel, verneigt das Haupt, segnet und spricht die Wandlungsworte; dann beugt er anbetend das Knie, zeigt die heilige Hostie dem Volke und kniet abermals. Das gleiche tut er bei der Wandlung des Weines. Die Gläubigen schauen die heiligen Gestalten an und verneigen sich in Anbetung."*

*Alles blickt nach vorne. Der Spiritual beugt sich über die Hostie, die Wandlungsworte flüsternd, beginnt zu zittern, am ganzen Körper, man kann es bis zur letzten Kirchenbank deutlich sehen, das Zittern wird immer stärker, der Priester hält sich am Altar fest, beugt mühsam die Knie, richtet sich wieder auf, erhebt die Hostie, zittert weiter, beugt sich über den Kelch, spricht wieder den heiligen Text, hebt zitternd den Kelch – er wird ihn doch nicht verschütten! – und beugt die Knie. Das Zittern klingt ab. Endlich. Was war das? Krankheit, Ergriffenheit, Kälte – ein Kranker, ein Mystiker, ein Heiliger? Jedenfalls eine wirksame Demonstration des mysterium tremendum et fascinosum.*

\*

*Irgendwanneinmal wirst auch du die heiligen Gestalten berühren dürfen. Irgendwanneinmal werden auch deine Worte die Kraft haben zu verwandeln. Irgendwanneinmal werden deine Hände gesalbt sein zum heiligen Dienst. Dann wirst auch du zittern und zagen – als unwürdiger Diener in Seinem erhabenen Dienst.*

„*O Jesus, den verhüllt*
*jetzt nur mein Auge sieht,*
*wann stillst das Sehnen Du,*
*das in der Brust mir glüht,*
*daß ich enthüllet Dich*
*anschau' von Angesicht*
*und ewig selig sei*
*in Deiner Glorie Licht?*"

# *Berufung*

Die Kapelle war das Zentrum des Hauses. Das war architektonisch so eingerichtet und von der Idee des Knabenseminars her auch so gemeint. Unter Kapelle darf man sich hier kein kleines Kirchlein vorstellen, sondern eine richtige Kirche mit etwa zweihundert Sitzen, einem hohen Gewölbe und einer Reihe von Altären im Stil der letzten Jahrhundertwende. Das Hauptaltarbild in der Art der bunten Bilder der damaligen Religionsbücher zeigte den zwölfjährigen Jesus, wie er im Tempel die Schriftgelehrten belehrte. Der Knabe Jesus im Zentrum des Knabenseminars. Maria und Joseph hatten ihn gesucht. Und auf ihre Vorwürfe gab er die kühl wirkende Antwort: Wußtet ihr nicht, daß ich in dem sein muß, was meines Vaters ist? Der Zwölfjährige zog den Tempel seinen Eltern vor. Das war zugleich die immerwährende Lektion dieses Altarbildes. Die Absage an die Familie und die Eltern war eine Voraussetzung für die Zusage an Gott. Man kann nicht Gott dienen und der Familie. Man kann nicht Gott lieben und eine Frau.

Vor diesem Bild, in dem sich der Knabe Jesus von seinen Eltern abwandte, um sich Gott zuwenden zu können, begann nun jeder Tag mit der Messe, endete er mit dem gemeinsamen Abendgebet. Vor diesem Bild wurden ungezählte Andachten und Predigten gehalten, hier traf man sich nach jedem Mittagessen zur gemeinsamen Visitatio, hierher sollte man auch möglichst oft zu freiwilligem persönlichem Gebet kommen. In den Predigten, Ansprachen und Vorträgen kam die Berufswahl immer wieder zur Sprache, wurde die Berufung zum Priestertum immer wieder in den Mittelpunkt gestellt. Die Berufswahl konnte auch zum subtilen Druckmittel bei den seltenen Aufenthalten in der Familie werden: Und so einer will Priester werden – lautete einer der familiären Sprüche.

Seminar – so wurde erklärt – kommt vom lateinischen „semen", vom Samen. Ein Seminar soll eine Pflanzstätte sein, wo der Same der göttlichen Berufung gehegt und gepflegt wird – eine geistliche Baumschule sozusagen. Geschützt vor Wind und Wetter, vor den feindlichen Stürmen einer bösen Welt, an feste Stangen gebunden und in die Höhe gezogen, gepflegt, begossen, gedüngt und beschnitten – so sollte die junge Pflanze dem hohen Ziel entgegenreifen: ein Priester nach dem Herzen Jesu zu sein. Die Bindungen und Beschneidungen standen im Dienst eines hohen Zieles und sollten deshalb von den Seminaristen demütig und in Dankbarkeit angenommen werden.

Es galt als feste Regel, daß keiner im Knabenseminar bleiben dürfe, der seine Absicht, Priester zu werden, aufgegeben hatte. Das wurde häufig in Erinnerung gerufen. Von der U-Boot-Existenz derjenigen, die ihren Entschluß verheimlichten und dennoch bleiben wollten, wurde in warnendem Ton gesprochen, als müsse der Fluch Gottes darauf ruhen. Für manchen Seminaristen – vor allem bäuerlicher Herkunft – war es eine harte Gewissensprobe. Er war vielleicht dem Pfarrer als begabter Ministrant aufgefallen und ins Seminar geschickt worden. Die Chancen auf höhere Bildung standen und fielen meist mit der Erfüllung des Berufswunsches, dem sich häufig die Familie und die Pfarre in der Weise angeschlossen hatten, daß man den jungen Seminaristen als künftigen Priester – als Pfarrerlehrbuben sozusagen – ansah und behandelte. Wer wollte und konnte schon leichten Herzens die vielen Menschen daheim enttäuschen, die zum Seminaristen als einem Erwählten aufschauten?

Wenn die ehemaligen Zöglinge des Knabenseminars manchmal als Alumnen des Priesterseminars auf Besuch kamen und in ihren schwarzen Talaren zum Gegenstand allgemeiner Bewunderung wurden, dann sah man in ihnen die eigene Zukunft vorweggenommen, man sah sich selbst im Talar, vielleicht sogar schon am Altar, man fühlte das ferne Ziel auf einmal greifbar nahe. So vieles im Leben des Seminars war auf dieses Ziel gerichtet: Das begann mit dem Altarbild vom zwölfjährigen Jesus, setzte sich fort in den vielen täglichen Anspielungen und Hinweisen, prägte den selbstverständlichen Umgang mit den priesterlichen Vorstehern, wurde wachgehalten im respektvollen Aufblicken zu den Schülern der höheren Klassen und der Verehrung für die bereits eingekleideten Priesterseminaristen, erlebte seine Weihestunden in den gelegentlichen Besuchen der neugeweihten Priester, die den Primizsegen erteilten und kam zum unbestreitbaren Höhepunkt im alljährlichen Besuch des Kardinals und seiner Ansprache an den hoffnungsfrohen Priesternachwuchs.

Jeder der drei für einen Seminaristen zuständigen Priester hatte seine Plattform, von der aus er seine Botschaften anbringen konnte. Der Präfekt hatte den Studiersaal, wo er seiner Klasse nach Notwendigkeit und nach vorgefallenen Ereignissen sagen konnte, was ihm wichtig schien. In den ersten Jahren gab es als zusätzliches Erziehungsmittel ein Wochenzeugnis, bei dem man wöchentlich Noten in Betragen und Fleiß erhielt. Diese Zeugnisse mußten den Eltern zugeschickt werden, da man selbst nur zu Weihnachten und Ostern heimfahren durfte und die Eltern ihrerseits nur selten auf Besuch kommen konnten. Im ersten Jahr gab es überhaupt bis Weihnachten Besuchsverbot, um die im Herbst Neueingetretenen leichter ans Seminar zu gewöhnen und dem Elternhaus zu entwöhnen. So waren die Briefe und die Wochenzeugnisse der vorerst einzige Kontakt nach Hause. Zu regelmäßigen Briefen wurde man durch die erziehende Schwester oder den Präfekten angehalten. Daß die Wochenzeugnisse nicht verheimlicht wurden, war durch Briefkontrolle gesichert.

Die Plattform des Spirituals war die Kapelle, die Predigten dort, die vielen Ansprachen und

Beichtvorträge. Der Rektor pflegte jeweils im Speisesaal nach Tisch zu sprechen – einerseits um die täglich nötigen Ankündigungen zu machen, aber gelegentlich auch, um Grundsätzliches auszusprechen. Fallweise nahm er sich bei besonderen Anlässen das Wort oder hielt in einem Festgottesdienst die Predigt. Doch konnte er kraft seiner Position sparsam mit Wortmeldungen umgehen. Und in der siebenten und achten Klasse war er zugleich Präfekt, sodaß jeder einmal bei ihm ankommen mußte. Als jüngerer Seminarist zu ihm vorgeladen oder auch strafweise geschickt zu werden, war aufregend genug. Er war die letzte und höchste Instanz des Hauses.

*

*Samstagnachmittag. Beichtvortrag in der Kapelle. Der Spiritual spricht vor den Seminaristen zur Vorbereitung auf die Beichte. Ermüdende Einstimmung in die ritualisierte Selbstbezichtigung. Der Spiritual erforscht dein Gewissen, damit du selbst es lernst. Altruistische Zerknirschung. Was gibt es schon für Sünden, die das öde Einerlei des bereits unzählige Male Gebeichteten unterbrechen könnten?*

*

*Aus der Beichtandacht für Kinder:*
*„Sag dem Priester ehrlich und aufrichtig deine Sünden. Er ist der Stellvertreter Gottes. So kann er*

*dich lossprechen und du wirst wieder ein frohes Gotteskind."*

*Ob den Stellvertreter Gottes deine Sünden interessieren? Ob er sich etwas dabei denkt? Ob er sich die Sünden merkt? Ein Glück, daß er sie nicht weitersagen darf. Und wenn er selbst beichten geht – welche Sünden wird er dann sagen: Ob auch er unandächtig betet?*

*

*Ein guter Seminarist hat einen ständigen Beichtvater – einen Seelenführer, der ihn mit der Zeit besser kennt und ihm deshalb bessere Ratschläge für sein geistliches Leben geben kann. Die regelmäßige Beichte, in der man vielleicht keine allzu gewichtigen Sünden zu bekennen hat, ist trotzdem nützlich für den geistlichen Fortschritt des Priesterstudenten. Man nennt diese häufige Beichte zum Zweck der Seelenführung „Andachtsbeichte". Im Priesterseminar wirst du sogar wöchentlich deinen geistlichen Seelenführer zur Beichte und Aussprache aufsuchen. Nur respektlose Gesellen nennen diese häufige Beichte mit geringfügigem Schuldbekenntnis „Abstauben".*

*

*Beichtspiegel für katholische Mittelschüler:
„Ich war unschamhaft; ich habe mich freiwillig und mit Wohlgefallen bei unschamhaften Gedan-*

ken und Begierden aufgehalten; mit schlechter Absicht Menschen, Tiere, Bilder betrachtet... zweideutige Reden oder Lieder mit Wohlgefallen angehört; unschamhafte Berührungen an mir zugelassen. Ich war unkeusch; ich habe freiwillig und bewußt unkeusche Lust in mir geweckt durch Gedanken, Vorstellungen, Berührungen: Unkeusches allein getan... Unkeusches getan mit anderen... unanständig getanzt."

*

Exerzitien – geistliche Übungen – dreitägiges Schweigen. (Später einmal – als Theologiestudent – wirst du sogar einwöchige Exerzitien machen. Manche Priester, besonders die Jesuiten, machen dreißigtägige Exerzitien. Dreißig Tage Schweigen. Wie man das nur aushalten kann?) Täglich mehrere Vorträge eines eigens eingeladenen Exerzitienmeisters. Dazwischen Nachdenken, die Erkenntnisse aufschreiben, reiches Gebets- und Gottesdienstprogramm. Schweigendes Spazierengehen, Beichten, Lesen – jedoch nur geistliche Lektüre.

Ein eigenes Gespräch mit dem Exerzitienmeister ist möglich und wird empfohlen. Den geistlichen Fortschritt möge man von Zeit zu Zeit durch die Überprüfung früherer Aufzeichnungen feststellen. Am besten wäre überhaupt ein geistliches Tagebuch als Dokumentation des unaufhaltsamen Fortschritts an Frömmigkeit, geistlicher Erkenntnis, asketischer

*Vertiefung, Heiligkeit und Gnade vor Gott und den Menschen…*

\*

*Einübung in die Einsamkeit: Schweigend aufstehen, Frühmesse, schweigsames Frühstück, geistlicher Vortrag, Nachdenken, Aufzeichnung des geistlichen Fortschritts, religiöse Lektüre, weitere Vorträge und Andachten, durchgehendes Silentium – silentium religiosum, silentium spirituale, silentium perpetuum – Einstimmen in das schweigsame Leben der Mönche, Eremiten und Anachoreten, in das verschwiegene Leben der Beichtväter, in das schweigende Leben der Toten.*

# Seelenwäsche

Während sich der Präfekt – und in den beiden ersten Klassen die Schwester – vor allem auf die Disziplin, das Studium und das allgemeine Verhalten der Seminaristen konzentrierte, sorgte sich der Spiritual um das Seelenleben. Seine Aufgabe wurde einmal so umschrieben: Bei einer Ehrung der Küchenschwester hatte in einer launigen Ansprache ein Vorsteher dem Amt des Spirituals das andere des Korporals gegenübergestellt. Wie die Küche um den Leib, so habe sich der Spiritual um die Seele zu sorgen. Deshalb waren die geistliche Betreuung und Weiterbildung, die Pflege und Bewahrung des Priesterberufs seine Domäne.

Die neuangekommenen Primaner lernten den Spiritual zuerst aus der Ferne kennen. Er hielt die Messen, Andachten, Predigten. Er war in ihren Augen eine Art Oberpriester – denn die anderen Geistlichen des Hauses waren nur an ihren Talaren als Priester zu erkennen, ferner daran, daß sie frühmorgens an den Seitenaltären stille Messen zelebrierten, während der Spiritual am Hochaltar den Hauptgottesdienst hielt. Die Präfekten traten eher als Erzieher, also ordnend, lobend und strafend in Erscheinung. Diese Trennung in einen äußeren, disziplinären und einen inneren, geistlichen Bereich lernte man bald auch theoretisch als forum externum und forum internum kennen – ein grundlegendes Prinzip in der Führung des

Knabenseminars. Die Verschwiegenheit zwischen diesen beiden Bereichen wurde wohl zugesichert, doch nicht immer geglaubt. Wenn man die Geistlichen am Vorstehertisch einträchtig beisammensitzen, miteinander essen und plaudern sah, dann fiel es schwer anzunehmen, daß da nicht auch grenzüberschreitend über beide Bereiche geredet würde.

Überhaupt stellte man sich vor, die Priester am Vorstehertisch hätten kaum über etwas anderes zu reden als über häusliche Vorfälle und die Übeltaten einzelner Seminaristen. Und wenn man etwas besonderes angestellt hatte, beschäftigte sich die überhitzte Knabenphantasie damit, wie die Vorsteher einander die neuesten Schandtaten berichteten, sich empörten oder über die Ertappung des Missetäters amüsierten. Da mit dem Spiritual und dem Professor auch die zwei Religionslehrer des Gymnasiums mit am Tisch saßen, war man sicher, daß mit den Seminarinformationen auch die schulischen weitergegeben würden. Man fühlte sich umzingelt.

Die Seminaristen wurden angeleitet, wenigstens alle zwei Wochen zur Beichte zu gehen. Dazu gab es in der Kapelle regelmäßige Beichtvorträge des Spirituals. Anschließend nahmen in den diversen Beichtstühlen außer dem Spiritual noch weitere, aber auswärtige Priester Platz, und der Zögling konnte wählen, bei wem er beichten ging. Die anderen Priester des Hauses standen wegen der Trennung des forum internum vom forum externum

nicht als Beichtväter zur Verfügung. Kaum war
der Beichtvortrag beendet, drängten sich die Zöglinge zu den Beichtstühlen, um einen vorderen
Platz in der Schlange der Wartenden zu erreichen.
Bei einem auswärtigen, also einem unbekannten
Priester beichten zu können, schien die an sich
unangenehme Prozedur etwas zu mildern, zumal
bei gröberen Verfehlungen die Vorstellung pein-
lich war, sie dem Spiritual anzuvertrauen, dem man
ja näher bekannt war und täglich begegnen mußte.
Deshalb war man auch geneigt, den regelmäßig
bei auswärtigen Beichtvätern beichtenden Mitschülern besonders beschämende Laster und Missetaten zuzumuten.

Tatsächlich bestand jedoch das Problem beim
Beichten in der Regel weniger in der Überwindung der Scham, seine Sünden zu bekennen, als
im Finden immer wieder neuer Sünden. Mehr als
für die Schwere der Schuld genierte man sich
wegen der einförmigen Wiederholung der immer
wieder gleichen Kleinigkeiten. Die unrealistische
Vorstellung, der Beichtvater würde sich über lange Zeiträume die im Zweiwochenabstand gebeichteten Sünden merken und mehr Abwechslung ein-
fordern, trieb die Phantasie an, die Aufzählung
der Verfehlungen variantenreicher zu gestalten.
Doch welche Möglichkeiten für nennenswerte
Missetaten konnte der monotone Tagesablauf
schon bieten? Als Standardsünden blieben immerhin die Nachlässigkeit im Studium und das unan-
dächtige Gebet. Letzteres war bei der Menge der

geistlichen Verrichtungen pro Tag geradezu unvermeidlich. So blieb dem Beichtvater wohl nur die Erinnerung an unerhebliche Alltagssünden und dem Beichtkind der noch lange haftende Eindruck priesterlichen Mundgeruchs. Das fortan heftig geübte Zähneputzen bewirkte ähnlich oberflächliche Hygiene wie die anbefohlene Seelenwäsche.

Neben dieser routinemäßigen Seelenreinigung gab es in größeren Abständen eine Art von individuellem moralischem Großreinemachen, dessen Rituale und Mechanismen von den Seminaristen erst langsam durchschaut wurden: In den Studierzeiten, wenn man schweigend und unter Aufsicht über Heften und Büchern saß, kam gelegentlich eine Nachricht, die einen bestimmten Seminaristen zum Spiritual befahl. Der Gerufene stand auf – leicht verwirrt und im Schnellverfahren das Gewissen erforschend – verließ den Studiersaal, um den Spiritual in seiner Wohnung aufzusuchen. Als er nach einem längeren Zeitraum wieder erschien, wirkte er erregt und verstört, gab aber trotz aller Neugier der Mitschüler keine befriedigenden Auskünfte. Erst allmählich sprach sich herum, daß bei den meisten ein ähnlicher Ablauf des geistlichen Gesprächs vorlag:

Der Spiritual fragte zuerst den Seminaristen, wie es ihm gehe und ob er ihm etwas mitzuteilen habe. Und wenn der Zögling nicht von sich aus in Selbstbezichtigungen ausbrach, begann der Spiritual, ihm Vorhaltungen zu machen. Ereignisse aus dem Seminarleben, Vorfälle im Schulbetrieb des Gymnasiums – beides war ihm ja bestens bekannt – und allgemeine Vorwürfe, die wohl auf die meisten zutrafen, wie Nachlässigkeit im Lernen, im Beten, im Gehorchen und Ähnliches, füllten das Sündenregister. Das vom Spiritual eifrig erforschte Gewissen des Seminaristen ließ diesem die Tränen in die Augen steigen, bis er schließlich hemmungslos zu weinen begann.

Eine Bemerkung über den Priesterberuf, den man ja schließlich anstrebe und der es notwendig erscheinen lasse, nach dem Höchsten zu streben, gab nun die Überleitung vom streng-väterlichen zum mild-mütterlichen Teil der strategischen Seelenführung. Die Tränen wurden getrocknet und der Trauernde wurde getröstet. Nach den feuchten Beteuerungen reumütiger Bußfertigkeit waren leibliche Tröstungen und Umarmungen angesagt. Der selbsterzeugte Schmerz wurde zum Lustgewinn beider großteils gestillt. Und der Restschmerz würde das Seine leisten, die Seele nicht in selbstgefälliger Zufriedenheit versumpfen zu lassen. Das allzeit bereite Gefühl der Sündigkeit blieb wach. Die altruistische Gewissenserforschung des Spirituals hatte ihren Zweck erfüllt. Die Fäden der gehäkelten Tischdecke des Spirituals blieben mitsamt den Tränen und der Tröstung ein bleibender Eindruck im Seelenleben des Beseelsorgten – verfangen im Netz der Sündhaftigkeit in diesem Tal der Tränen.

Vor der Rückkehr in den Studiersaal war noch eine schnelle Gesichtswäsche im Waschraum angebracht, um die Spuren der Zerknirschung zu verwischen. Was dennoch spürbar blieb, führte später dazu, daß man Kameraden davon erzählte. Die berichteten erstaunlicherweise ihrerseits Ähnliches. Solcherart um die Einmaligkeit des Reue-, Buß- und Trostrituals betrogen, begriff man sich als Opfer einer Strategie, eines beschämenden Verfahrens, einer religiös getarnten Demütigung. Es wurde beschlossen, sich dem fortan zu verweigern.

Als man nun das nächste Mal zum Spiritual zitiert wurde, blieb man verstockt, verweigerte die Gabe der Tränen und versprach nur tonlos und mürrisch Besserung. Der Spiritual – um seinen vermeintlichen Erfolg gebracht – erkannte die Vergeblichkeit seiner Beknirschungsversuche und wandte sich den inzwischen nachgewachsenen jüngeren Klassen zu. Der Bann war gebrochen.

Nur manchmal in der Oberstufe, wenn man im Vorzimmer des Spirituals zu tun hatte, sah man ihn in seinem langen schwarzen Talar mit den Kleineren der unteren Klassen am Boden herumtollen, lachen und rangeln. Dann wußte man nicht so recht, ob man sich freuen sollte, dieser kindischen Welt entkommen zu sein, oder ob eine leise Trauer angebracht wäre über den Verlust an Kindlichkeit und Unbefangenheit im Lachen und Weinen, im Trauern und Getröstetwerden.

\*

*„Komm, ach komm, o Tröster mein,*
*kehr in meinem Herzen ein,*
*komm, o Geist von oben!"*

So lautet das Lied zur Schulmesse am Beginn des neuen Arbeitsjahres im Herbst. Welcher Trost gemeint ist, wird nicht mitgeteilt. Sieht man sich doch ohne weitere Begründung trostbedürftig – nach zwei Ferienmonaten wieder in die Internats- und Schulmühle eingespannt, ständig unter Aufsicht, in einen lückenlosen Zeitraster eingeplant, nie ohne Aufgaben und Pflichten, stets unter Kontrolle. Auch unter der des Heiligen Geistes:

*„Gib, daß wir in demselben Geist das, was recht ist, verstehen und seines Trostes uns allezeit erfreuen mögen. Durch Christus, unsern Herrn. Amen."*

Trost schon. Aber: erfreuen?

\*

*„Tu auf, dein Heil steht in Gefahr;*
*wag's nicht, mit Gott zu scherzen;*
*mach deine Sünden offenbar,*
*tu Buß' aus ganzem Herzen!*
*Erheb dich, o verlorner Sohn,*
*zerreiß der Sünden Banden!*
*Verdammung ist der Sünde Lohn;*
*noch ist die Gnad' vorhanden."*

Es ist zu deinem besten, wenn dir deine Sündhaftigkeit im allgemeinen und deine Verfehlungen im besonderen vorgehalten werden. Im Büßen, Bekennen und Bereuen lernst du Demut. Du mußt *deinen Stolz brechen, du mußt dich selbst erniedrigen. Denn nur wer sich selbst erniedrigt, wird erhöht werden. Doch wenn du stolz und verhärtet bleibst, dann werden dich deine Vorgesetzten demütigen müssen. Sei gewiß: Sie tun es nicht zu ihrem Vergnügen, sondern zu deinem Wohl. Nur so kannst du dich aus deiner Mittelmäßigkeit zum Besonderen erheben. Bedenke: Du bist erwählt. Was dich darin fördert, ist zu deinem besten.*

*

*Nie allein und doch einsam. Immer bist du unter Menschen. Auch wenn du nicht reden darfst. Die Stille der nächtlichen Schweigsamkeit im Silentium religiosum isoliert dich ebenso wie das Redeverbot zu den Studierzeiten, während der Tischlesungen, wie die gemeinsamen Rituale der Schul- und Gebetsstunden. Immer bist du von Menschen umgeben. Du merkst, daß man auch inmitten vieler Menschen einsam sein kann – manchmal schmerzlicher einsam, als wenn man auch allein wäre.*

*Keine Tür kannst du hinter dir verschließen, keinen Kasten und keine Lade versperren. Du bist öffentlich. Deine Geheimnisse kannst du nur in dir selbst verschließen. Du kannst dich zwar so geschickt umkleiden, daß die Scham gewahrt bleibt, und du bist gewohnt, dich mit Badehose zu duschen. Aber der Präfekt kann deine Briefe lesen und die Lade deines Pultes im Studiersaal ist unversperrbar.*

*Du bist nie allein. So ist es und so wird es blei-*
*ben. So lernst du, inmitten der Menschen einsam*
*zu sein. Lern es gut, du wirst es brauchen.*

*

*Eine einzige Tür gibt es, die du hinter dir ver-*
*sperren kannst. Wenigstens für die Ausscheidungs-*
*vorgänge bleibt die allgegenwärtige Seminaröffent-*
*lichkeit ausgesperrt. So wird dir die Zelle des Klo-*
*setts zum einzigen Freiraum für den Rückzug aus*
*der Herde, für die schnelle Flucht vor den Vorge-*
*setzten, für deine verschämten Knabentränen. Die*
*wohltuende Einsamkeit wird von den Kabinen-*
*wänden umschlossen. Nicht ganz bis zur Decke*
*des Raumes – aber immerhin. Theoretisch könn-*
*test du über die Trennwand klettern und die Intimi-*
*tät des Nachbarn stören. Doch ein guter Christ*
*macht das nicht. Er respektiert die Verrichtungen*
*der anderen und stört nicht, wie er ja auch selbst*
*nicht gestört werden will. Die goldene Regel. Wie*
*du mir, so ich dir. Steht schon in der Bibel. Da*
*sieht man wieder einmal, wie das Wort Gottes im*
*Alltag gilt.*

## Leibliche Reinigung

Nach dem gemeinsamen Abendgebet in der Kapelle und bereits im Banne des Silentium religiosum vollzog sich vor dem Schlafengehen das allabendliche körperliche Reinigungsritual. Zuerst war im Schlafsaal das Bett abzudecken. In einem nicht unkomplizierten Aus- und Umkleidungsverfahren versuchte man, sich des Gewandes zu entledigen und eine Pyjamahose anzuziehen, ohne seine unehrenhaften Körperteile – wie sie im Religionsunterricht genannt wurden – dem Licht der ohnehin beschränkten Öffentlichkeit eines Knabenschlafsaales darzubieten. In eigener Unterweisung waren die Neueingetretenen unterrichtet worden, in welchen Techniken unter Zuhilfenahme der Bettdecke die gebotene Schamhaftigkeit gewahrt werden könne. Dennoch entwickelte jeder seine eigenen, teils akrobatischen Abendgewohnheiten, von denen sich freilich die der Nachthemdträger durch schlichte Handhabung unterschieden.

Nur mit der Unterhose oder der Hose des Schlafanzuges bekleidet, betrat man den angrenzenden Waschraum. Dort gab es zwei runde steinerne Waschbecken, in deren Mitte Wasserhähne in alle Richtungen Wasser spendeten. Kaltes Wasser. Warmes Wasser gab es nur beim Bad einmal in der Woche. Warmes Wasser galt als Zeichen unmännlicher Verweichlichung. Kaltes Wasser diente der Askese und der Bezähmung gefährlicher Leidenschaften. Wie überhaupt schwüle Hitze gefährliche Sinnlichkeit erwachen läßt, wo nüchterne Kühle besser angebracht wäre. Deshalb war auch die Heizung in den Schlaf- und Waschräumen so eingestellt, daß in der kalten Jahreszeit die Temperatur nur zur Zeit des Schlafengehens ein wenig angehoben war und während der Nacht wieder abfiel, sodaß eine erfrischende Kühle das Aufstehen und die Morgenwäsche beschleunigte.

Abends drängte man sich nun in einen der beiden Kreise waschender und zähneputzender Knaben, um unter Aufsicht des Präfekten oder der Schwester die körperliche Reinigung zu vollziehen. Dabei fiel es den Seminaristen nicht immer leicht, den geziemenden Ernst des heiligen Schweigens zu wahren. In der pritschelnden, gurgelnden und spuckenden Schar sollte jedoch die erhabene Würde und die religiöse Bedeutung der nächtlichen Schweigsamkeit nicht gestört werden. Immerhin gab es die geistliche Aufsicht, an der man nur nach genauer Sauberkeitskontrolle vorbeikam, um endlich im Schlafsaal die unvermeidliche Blöße bedecken zu können. Die Aufsichtsperson besichtigte noch die Reinheit der Fingernägel, des Halses und der Füße, riskierte gelegentlich auch einen Blick hinter die Ohren und vollzog in hartnäckigen Fällen den Rubbeltest daselbst.

Erst nach dieser letzten Prüfung des Tages konnte sich der Seminarist ins Privatleben von Schlaf und Traum zurückziehen. Und hier – unter der

Decke – stellte sich erstmals ein Gefühl von Geborgenheit ein. In der bergenden Hülle des Bettzeugs konnte man sich wenigstens symbolisch ein- und abschließen. Und das war in einem Haus, in dem man lediglich im Klosett die Tür hinter sich verriegeln konnte, beinahe eine Kostbarkeit. So wurde für viele das Schlafengehen zum wollüstig genossenen Rückzug in die weiche und warme Umarmung nächtlicher Selbstvergessenheit. Ein letztes Nachtgebet vor dem Einschlafen war noch empfohlen. Besonders Eifrige rosenkranzbeteten sich in den Schlaf. Die Gewißheit, im Schlaf nicht zu sündigen, fand erst in der Pubertät ein jähes Ende.

Nach dem Löschen des Lichtes herrschte strikteste Nachtruhe. Präfekt oder Schwester verweilten oft noch im Dunkeln, um das Einschlafen der Zöglinge abzuwarten. Oder sie kehrten nach einigen Minuten unbemerkt wieder, um doch noch allfällige Sünder wider das Silentium religiosum auf frischer Rede zu ertappen, im Schein der Taschenlampe zu identifizieren und der gerechten und strengen Strafe zuzuführen. Nächtliche Vergehen galten als besonders verwerflich. Für den Schläfer guten Gewissens war jedoch der Schlaf und der Traum oft genug die Zeit wohltuender Illusionen, der Heilung durch die Flucht in die Phantasie, aber auch die Zeit des Heimwehs. Manche reale Tränen wurden erst in der Irrealität des Traumes väterlich oder mütterlich getrocknet.

Das Schrillen der Glocke am frühen Morgen war allzu oft eine grausame Vertreibung aus diesem Paradies. Die Morgenwäsche konnte schneller erledigt werden. Es drängte das Morgengebet in der Kapelle mit der anschließenden Messe, das Frühstück und das Morgenstudium. Und um acht Uhr sollte ja schon der Unterricht beginnen. Nur die Sonn- und Feiertage versprachen Wohltuendes: längeres Schlafen, weniger Zeitdruck beim Aufstehen, einen festlicheren Gottesdienst und ein geruhsameres Frühstück – von den zu erwartenden Annehmlichkeiten des schulfreien Tages ganz zu schweigen.

So gründlich und wohlkontrolliert die tägliche Reinigungsprozedur auch war – das wöchentliche Bad erhob sich darüber hinaus durch ein genau ausgeklügeltes Ritual zu symbolischer Größe. In sonst nie betretenen Kellerräumen gab es Umkleidekabinen und Duschen mit warmem Wasser. Es herrschte eine genaue Organisaton mit ausgeklügeltem Zeitplan und lückenloser Aufsicht. Immerhin mußten in den Nachmittagsstunden jeden Freitag alle Seminaristen von der achten bis zu ersten Klasse durch dieselben vierzehn Duschkabinen geschleust werden. Und das ohne jegliche Möglichkeit, die naturgegebene Schlüpfrigkeit des Reinigungsvorganges in eine moralische umschlagen zu lassen. Außerdem ging es um die Bewältigung einer Situation, in der ein gewisses Maß an Nacktheit leider unvermeidlich war. Um jegliche Gelegenheit zur – auch nur gedanklichen – Sünde zu meiden, war äußerste Disziplin angesagt. All das wäre ohne exakt durchgeplanten Ablauf kaum möglich gewesen.

Dieser Ablauf gestaltete sich so: Im Studiersaal wartete man zur vorgesehenen Stunde auf ein Kommando, das die nächste Gruppe von vierzehn badebereiten Zöglingen zur Reinigung befahl. Mit Handtuch, Badehose und Seife machte man sich auf den Weg. In jeder Umkleidekabine gab es zwei Plätze zum Ablegen und Aufhängen der Kleidung – einen Platz für den gerade unter der Brause befindlichen, den zweiten für den nächsten Duschkandidaten. In diesem Reißverschlußverfahren ging es dahin: Auf Kommando lief man, nur mit der Badehose bekleidet, zur Duschkabine, hinter deren Vorhang es auf Zuruf von außen weiterging. Zuerst kurze Zeit heißes Wasser – vom beaufsichtigenden und befehlshabenden Präfekten gesteuert. Nach dem Abschalten des Wassers ertönte die Anweisung von außen: Einseifen! Nach kurzer Zeit kam wieder Wasser mit dem Befehl: Abwaschen! Dann erst ging es zurück in die Umkleidekabine, in der sich währenddessen der letzte an- und anschließend der nächste ausgezogen hatte. Rot im Gesicht und mit nassen Haaren stieg nun der frischgewaschene Zögling aus den Eingeweiden des Hauses ans helle Licht des Knabenseminars.

Das raffinierte System, in wenigen Stunden an die zweihundert Knaben in nur vierzehn Duschkabinen bei voller Wahrung katholischer Sittlichkeit einer gründlichen Reinigung zuzuführen, war von hoher Perfektion. Der im schwarzen Talar schwitzende Präfekt, der den klaglosen Ablauf durch lautstarke Zurufe dirigierte und mit beschlagener Brille beaufsichtigte, blieb als Badeimpression in der Erinnerung haften.

*

*Die Welt der Gerüche: der Wohlgerüche aus der Küche – Vorahnung künftiger Tafelfreuden. Außerdem: Transpirationsgerüche im Waschraum, Fußschweiß im Schlafsaal, nach Leder und Schuhpasta im Schuhputzraum, Verwesungsgerüche von faulem Laub im Garten und menschlicher Ausscheidung im Umkreis der Klosetts, gemildert durch heftigen Teergeruch an den Pißwänden, Lysoform im Krankenzimmer, staubiger Mumiengeruch nach Tierpräparaten und beißender Chemikaliengeruch in den gymnasialen Unterrichtsräumen. Ansonsten eine Mischung aus Pubertätsausdünstungen, billiger Seife und Mundgeruch.*

*Höhepunkt und Einbruch des Transzendenten in das Babel humaner und animalischer Düfte: Weihrauch – zu Gott aufsteigende sinnliche Gebetswolke als Vorahnung himmlischer Nasenfreuden. Nur das zu sehr gefüllte Weihrauchfaß beißt nach allzu eifrigem Schwenken die Nächststehenden in der Nase – solcherart himmlische Düfte in fegefeuerliche Niesreize verwandelnd.*

*

*Aus dem Religionsbuch:*

*„Die Seele formt den Leib. Der Leib ist der sichtbare körperliche Ausdruck der Seele (anima forma corporis). Die Seele ist sein Lebensprinzip. Daher stammt die Würde des Leibes, die Schönheit des Leibes. Der menschliche Leib ist das Schönste in der sichtbaren Schöpfung."*

*Die Seele pflegst du durch Frömmigkeit, durch Gebet und geistliche Übungen. Den Leib pflegst du mit Hygiene und Sport. Den Leib pflegst du als Mittel – die Seele als Ziel deines Strebens zu Höherem. Vermeide sündhafte Gedanken, wenn du deinen Körper ansiehst. Am besten, du tust es so selten und so kurz wie möglich. Vermeide, die Nacktheit anderer zu betrachten – es ist Sünde.*

*Die Seele sei Herrin des Leibes. Weil der Geist willig, aber das Fleisch schwach ist, muß Beherrschung eingeübt werden. Durch Verzicht, durch Fasten und Sport lernt der Leib, sich dem Geist unterzuordnen:*

*„Darum ist eine gesunde Aszese (Training), das heißt Erziehung des Leibes zur Zucht und Gefolgschaft unter den Geist eine selbstverständliche Forderung. ‚Das Fleisch gelüstet wider den Geist' (Gal 5,17). Aber der Geist muß herrschen."*

*

*Hygiene, Sport und eine gesunde Lebensweise sind die Voraussetzungen für die Reinheit und Gesundheit der Seele. Wer ein guter Christ sein will,*

*pflegt seinen Körper. „Gratia supponit naturam."*
*Die Gnade setzt die Natur voraus. In besonderer*
*Weise gilt das für den angehenden Priester. Des-*
*halb schließt die Kirche auch Behinderte und mit*
*schweren körperlichen oder seelischen Gebrechen*
*Behaftete vom Priesteramt aus. Wir wollen uns mit*
*Leib und Seele in den Dienst Gottes stellen. Aber*
*am höchsten steht die Seele.*

*

*Du sollst nicht in der Nase bohren. (Wenigstens*
*nicht solange dich jemand sieht.) Gott sieht dich*
*überall.*

*Schon gar nicht sollst du das aus der Nase Her-*
*vorgeholte begutachten. (Wenigstens nicht solange*
*dich jemand sieht.) Gott sieht dich überall.*

*Aber auf gar keinen Fall darfst du das aus der*
*Nase Geholte einer Wiederverwertung zuführen.*
*(Wenigstens nicht solange dich jemand sieht.) Gott*
*sieht dich überall.*

## Mens sana in corpore sano

Die Freizeit war ähnlich streng geregelt wie die Studier- und die Gebetszeiten. Jede Klasse hatte einen Tagraum, den man in den kurzen Freizeiten tagsüber und bei Schlechtwetter, wenn Sport im Freien unmöglich war, benützen konnte. Verschiedene Arten von Spielen wie Schach und Tischtennis waren die Möglichkeiten, von denen vor allem letztere gern und von manchen exzessiv genutzt wurde. Im Freien stand eine Anzahl von Sportplätzen jeglicher Art in einem von einer Mauer umschlossenen Park – Garten genannt – zur Verfügung. Den größten der Plätze, einen Fußballplatz, umschloß von drei Seiten eine überdachte Wandelhalle, in der man sich auch bei Regen aufhalten konnte. Eine russische Kegelbahn, bei der sich die Kugel an einem Seil befand, sodaß man wie mit einem Pendel die Kegel umwerfen konnte, war eine besondere Attraktion bei Schlechtwetter. Ansonsten wurde darauf geachtet, daß man sich auch bei weniger gutem Wetter, wenn das Bespielen der Plätze unmöglich war, möglichst viel im Freien aufhielt. Sport hatte neben Studium und Frömmigkeit einen hohen Rang im Seminarleben.

Den Tagesablauf kann man sich so vorstellen: Nach den beschriebenen Morgenverrichtungen gab es vormittags Unterricht im benachbarten Bundesgymnasium. In der großen Pause ging man die paar Schritte ins Seminar, um im Speisesaal die Jause einzunehmen. Dann wurde der Unterricht fortgesetzt. Danach ins Seminar zurückgekehrt, gab es das gemeinsame Mittagessen im Speisesaal mit anschließendem Gebet – der sogenannten Visitatio – in der darübergelegenen Hauskapelle. Nach einer nicht allzu langen Mittagsfreizeit begann das erste große Studium unter Aufsicht und strengem Schweigen im Studiersaal. Dann erst gab es eine ausführliche Zeit für den Sport. Diese Reihenfolge galt in der Unterstufe umgekehrt: also vorher die sportliche Betätigung und dann erst das Studium. So konnte man dem größeren Bewegungsdrang der Jüngeren nach dem erzwungenen Stillsitzen des Vormittags Rechnung tragen und die vorhandenen Spielplätze besser nutzen.

Doch auch die Zeit für den Sport war genau geregelt: Zuvor wurde verkündet, welcher Sportplatz welcher Klasse für welche Sportart zugeteilt war. Die Rolle des Aufsehers und wenn nötig des Schiedsrichters fiel dem Präfekten oder dem beauftragten Senior zu. Auf jeden Fall war Spielpflicht. Man mußte sich also an jenem Platz in jener Sportart betätigen, wozu man eingeteilt worden war. Ob man dazu Lust hatte oder nicht. Für die einen täglicher Lustgewinn – für die anderen lustlose Pflichterfüllung.

Letzteres führte zu einer regelmäßigen Demonstration sportlicher Rangordnung: Um die Mannschaften zu ermitteln, wurde gewählt. Zwei Mannschaftsführer wurden bestimmt, sie konnten abwechselnd je einen Spieler zu sich rufen. Zuerst die besten Spieler – zuletzt die ungeschicktesten. Doch auch als ein Präfekt die Mannschaften nach einem Zufallsprinzip zusammenstellen ließ – offenbar um die schwächeren Spieler ein wenig zu schützen – blieben die höhnischen Kommentare der Sportstars nicht aus. Gelegenheit zu Demutsübungen gab es stets genug.

Die beliebteste Sportart war zweifellos das Fußballspiel. Auch die Meisterschaften, die immer wieder in verschiedenen Sportarten ausgetragen wurden, fanden ihren Höhepunkt im Fußball. Ein Klassenmatch zwischen zwei benachbarten Klassen war nicht nur für diese beiden ein Großereignis, sondern auch für die anderen Klassen. Vor allem, wenn es im Bereich der Möglichkeit stand, daß die untere Klasse die höhere schlagen würde. Gute Fußballer, vor allem die Torschützen, die Mittelstürmer und die Torleute, konnten zu Seminarberühmtheiten aufsteigen. Innerhalb einer Klasse war häufig das Fußballspielen die wichtigste Maßeinheit auf der Beliebtheitsskala. Der absolute Superlativ in sportlichen Dingen war jedoch die Seminarmannschaft, aus den besten Spielern der obersten Klassen zusammengestellt. Die Begegnungen mit auswärtigen Mannschaften wurden zu sportlichen Höchstereignissen, bei denen die – beinahe – unbesiegbaren Fußballer des Knabenseminars häufig Triumphe feiern konnten.

Bei Schönwetter war für sportliche Betätigung reichlich gesorgt. Im Winter gab es Möglichkeiten fürs Eislaufen und zum Schlittenfahren in der umliegenden Gegend. Größere versuchten sich sogar im Eishockey. Bei Schlechtwetter gab es außer den Wandelhallen mit dem Kegelspiel und ein paar Turngeräten die Alternative des Tagraumes. Bei unsportlichen Schülern war Schlechtwetter überaus beliebt. In der kalten Jahreszeit häufiger, in der wärmeren seltener, und überhaupt wenn die Spielplätze nicht für alle Klassen reichten, gab es Ausgang. Damit war eine verpflichtende Wanderung unter Führung des Präfekten oder der Schwester gemeint, um in der für den Sport vorgesehenen Zeit wenigstens an der frischen Luft zu sein und Bewegung zu machen. Anfangs noch in Zweierreihen, später in ungeordneten Haufen, aber stets in Sicht- und Hörweite beisammen, durchstreifte man die nähere Umgebung, die man nach einigen Jahren bis zum Überdruß kannte – weshalb die Ankündigung des Ausgangs von Jahr zu Jahr immer weniger Begeisterung verursachte. Das sollte sich erst in den obersten Klassen mit den dann zugestandenen größeren Freiheiten ändern.

Ausgang in die kleine Stadt, an deren Rand das Knabenseminar lag, etwa um eine Besorgung zu machen, gab es nur selten und knapp, mit besonderer Erlaubnis und nur mit hinreichender Begründung. An der Pforte lag ein Ausgangsheft, in das man einzutragen hatte, wer wann wohin zu gehen gewillt war, was der Zweck des Ausgangs sei, wann man zurück war – all dies unter strenger Kontrolle einer dort amtierenden Ordensschwester. So mußte alles seine Ordnung haben, genau aufgezeichnet sein und den Vorstehern zur Einsicht vorliegen.

Die meisten Einkäufe des täglichen Bedarfs vom Schulheft bis zur Seife konnte man ohnehin in einem kleinen hauseigenen Kaufladen in der Freizeit erledigen. Auch der Arzt und sogar der Friseur kamen regelmäßig ins Haus. Es gab also wenige triftige Gründe, in die Stadt zu gehen. In solch seltenen Fällen durfte man also die stets gut bewachte Pforte passieren – alle anderen Ausgänge waren versperrt. Sogar wenn ein Ball beim Spielen über die Mauer fiel, mußte man sich vom aufsichtführenden Präfekten den Schlüssel holen.

Erst in den obersten Klassen gab es auch die Möglichkeit, zu zweit auszugehen. Mit Erlaubnis der Eltern wurde zuletzt auch das Ausfahren zu zweit mit dem Fahrrad gestattet. So bot sich nicht nur die Gelegenheit, die weitere Umgebung zu durchstreifen, sondern es tat sich auch für unsportliche Naturen die Möglichkeit auf, die Freizeit nach eigenem Belieben großzügiger als früher zu gestalten. So waren es vor allem die beiden letzten Jahre vor der Matura, die mehr Varianten der Freizeitgestaltung boten. Daß die neue Freiheit bisweilen auch zum auswärtigen Genuß eines im Seminar selbst verbotenen Glases Bier genützt wurde, war wohl unvermeidlich. Andere Laster waren ohnehin außer Reichweite oder unerschwinglich. Lediglich das Rauchen war mit schriftlicher Erlaubnis der Eltern in den beiden letzten

Klassen an bestimmten – den jüngeren Seminaristen unzugänglichen – Orten gestattet.

Dennoch: Rauchen und Trinken waren verpönt. Mens sana in corpore sano – ein gesunder Geist in einem gesunden Körper. Das erste sah man als selbstverständlich an, dem zweiten galt die besondere Sorge. Die Selbstverständlichkeit des ersten mag rückblickend voreilig erscheinen.

*

*Aus dem Religionsbuch:*

*„Mäßige Körperpflege ist nicht nur vereinbar mit einer gesunden Aszese, sondern sittliche Pflicht. Selbst die Schönheitspflege widerspricht nicht den aszetischen Grundsätzen… Im Essen vollziehen wir einen Dienst am Leibe, den Gott will. Das Essen soll durch das Tischgebet eine Weihe bekommen… Der Mensch hat nicht nur ein Recht auf Erholung, er hat die Pflicht dazu… Sport kann sicherlich Erholung sein und soll eben darum nicht zur inneren Unfreiheit gegenüber den Mitteln des Sportes werden… Vernünftige Sorge für die Gesundheit ist sittliche Pflicht."*

*Schon der heilige Paulus spricht im ersten Korintherbrief über den Rennläufer im Stadion: „Ich laufe nun nicht ziellos und führe keine sinnlosen Luftstreiche aus, sondern ich züchtige meinen Leib und unterwerfe ihn, damit ich nicht etwa, nachdem ich gepredigt habe, selbst verworfen werde."*

*

*Ein guter Seminarist ist kein Stubenhocker. Viel-
mehr nimmt er seinen Leib in Zucht und härtet ihn
ab. Er ist gern an der frischen Luft, betreibt eifrig
aber mäßig Sport und meidet bedenkliche Unter-
haltungen, wie das Tanzen oder das sinnlose Her-
umlungern in verrauchten Wirtshausstuben. Am
wohlsten fühlt er sich in der Kirche und in Gottes
freier Natur.*

*

*Methoden, beliebt zu sein: Am leichtesten hast
du es als guter Fußballspieler, vor allem als Tor-
mann oder als Mittelstürmer. Hauptsache, du bist
in der Klassenmannschaft und wirst beim Wählen
für den Nachmittagssport früh aufgerufen. Wenn
du ein guter Tischtennisspieler bist, hast du auch
gute Chancen, akzeptiert zu sein. Beliebt kannst du
dich auch durch Einsagen bei den Prüfungen und
durch Schwindeln bei der Schularbeit machen, oder
wenn du andere deine Hausübungen abschreiben
läßt. Als allzu guter oder gar fleißiger Schüler
machst du dich nicht unbedingt beliebt. Wer will
schon gern ein Streber sein? Auch schadet es dir,
wenn du andere Interessen hast als die meisten oder
andere Bücher liest als sie. Am besten, du paßt dich
dem Durchschnitt an, fällst wenig auf und gibst
jedem recht.*

*Da gibt es einen Schüler, den niemand mag.
Selten lange. Es gibt reichlich erprobte Mittel, den
Außenseiter dies so lange spüren zu lassen, bis er*

*entweder selbst das Handtuch wirft oder zu seinem eigenen Schutz entfernt wird. Außer – er lernt noch rechtzeitig, sich beliebt zu machen. Dann wird er edelmütig toleriert.*

*

*Pflichterfüllung: Es gibt so viele Pflichten. Zuerst die drei schulischen: lernen – lernen – lernen. Dann die drei religiösen: beten – beten – beten. Eigentlich sollten die religiösen Pflichten an erster Stelle stehen: Ora et labora! Wenn du betest und arbeitest, dann wird sogar die Arbeit zum Gebet, weil Gott dahinter steht. Der Reim ist beabsichtigt und erleichtert das Memorieren des Merksatzes.*

*Auch das gehört zu deinen Pflichten: Möglichst viele Sätze abrufbereit im Gedächtnis zu behalten. Für alle möglichen Fälle. Ein guter Seminarist hat für jede Lebenslage einen guten Spruch, womöglich sogar ein Bibelzitat, parat.*

*

*Das ist die wichtigste Pflicht: Wahre und pflege deine Berufung. Sie ist ein göttliches Geschenk, für das du Verantwortung trägst. Solch unverdiente und ungeschuldete Geschenke Gottes nennt man Gnade. Gott hat dir die Gnade der priesterlichen Berufung zuteil werden lassen. Du bist zu Höherem berufen, als in einem durchschnittlichen Beruf Geld zu verdienen und mit einer durchschnittlichen Frau* durchschnittliche Kinder in die durchschnittliche Welt zu setzen. Das Besondere des göttlichen Geschenkes hebt dich aus der Durchschnittlichkeit heraus und macht dich zu etwas Besonderem.

Bedenke das Wort Jesu: „Viele sind berufen, wenige aber auserwählt."

Du wirst es einmal vor dem Richterstuhl Gottes verantworten müssen, was du aus deiner Berufung gemacht hast. Sie ist ein einzigartiges Geschenk. Wenn du es verspielst, hast du verspielt. Wenn du es verwirfst, wirst du verworfen werden. Wenn du es verlierst, bist du verloren. Denk an das Gleichnis von den Talenten: Willst du deine Berufung ins Schneuztuch wickeln und vergraben?

# Pflichterfüllung

Für eine kleine nachmittägige Mahlzeit zwischendurch gab es die Jausenkammer. Hier verfügte jeder über ein kleines Fach, in dem er Lebensmittel von daheim aufbewahren konnte. Meist war es Marmelade oder Schmalz, von zu Hause mitgenommen, von den Eltern bei einem der seltenen Besuche mitgebracht oder auch in gelegentlichen Paketen per Post übersandt. Brot stand in praktisch unbegrenzter Menge zur Verfügung. Und so konnte ein jeder – je nach Ausstattung seines Jausenfachs – sich selbst versorgen. In der kargen Zeit nach dem Krieg gewiß nicht üppig, doch man war zufrieden. Hunger hatte im Seminar niemand zu leiden.

Nach Sport und Jause ging es wieder ans Studium. Bis zum Abendessen versuchte man den Hauptteil der schulischen Arbeiten zu erledigen. In den unteren Klassen von Präfekt und Schwester kontrolliert und abgeprüft, in den höheren Klassen zunehmend selbständig. Der Kontakt zwischen Schule und Seminar war so weit gut, daß ein plötzliches Nachlassen der Leistungen dem Präfekten bekannt wurde und Maßnahmen dagegen ergriffen werden konnten. Sie reichten von der Ermahnung über zusätzliche Kontrollen bis zum Nachhilfeunterricht.

Meinte man, mit seiner Arbeit für die Schule fertig zu sein, konnte man sich von der aufsichtsführenden Person die Erlaubnis holen, ein Buch zu lesen, einen Brief zu schreiben oder – in höheren Klassen – in eines der Musikzimmer üben zu gehen. Da man sich mit der Bitte um diese Erlaubnis eine eingehende Prüfung der Hefte oder der Vokabelkenntnisse einhandeln konnte, ging man meist vorsichtig damit um. Da die Anwesenheit in der Studierzeit kaum zu umgehen war und Kontrollen der schulischen Arbeiten durchgeführt wurden, war es nicht allzu schwierig, den schulischen Anforderungen zu entsprechen.

Das unerlaubte Lesen in der Studierzeit konnte ähnlich dem Schwätzen oder anderer Ungehörigkeiten zu empfindlichen – doch nicht körperlichen – Strafen führen. Buchseiten abschreiben, Aufsätze verfassen und Rechnungen ausführen waren noch die milderen Strafmaßnahmen. Das Streichen von Vergünstigungen und Verbote beliebter Veranstaltungen waren die nächsten Stufen. Die Verständigung der Eltern oder eine Vorladung des Seminaristen zum Rektor waren bereits erhöhte Alarmstufe und meist Demütigung genug. Der Bruch des Silentium religiosum galt im Wiederholungsfall als besonders schwerwiegend.

Nach dem Abendessen im Speisesaal gab es noch eine Abendfreizeit, die man fürs Schuheputzen zu nützen hatte. Die Sauberkeit des Schuhwerkes wurde kontrolliert. Die kindliche Art, die Schuhpaste über den Schmutz zu schmieren, konnte solchen Kontrollen nicht standhalten. Es wurde also geputzt und poliert, freudlos und pflichteifrig. Ansonsten konnte man sich im Tagraum aufhalten, bei Schönwetter im Garten. Jetzt war auch die Zeit, die angefallenen Strafarbeiten zu schreiben – denn die Studierzeit galt den schulischen Arbeiten. Jetzt war auch Gelegenheit, den Spiritual oder den Religionsprofessor zu besuchen, Bücher zu entlehnen oder zurückzubringen und die vielen kleinen Verrichtungen zu tun, die täglich anfielen und erledigt werden mußten: Ein Ministrant der Frühmesse meldete sich beim Spiritual, um die gemachten Fehler einzugestehen, ein verletzter oder kränkelnder Schüler kam zur Krankenschwester zu ambulanter Behandlung, ein Missetäter trat den Bußgang zum Rektor an.

Nach dieser letzten Abendfreizeit kam für die unteren Klassen bereits das Abendgebet in der Kapelle und der schweigende Weg in den Waschraum und den Schlafsaal. Das Silentium religiosum hatte wieder für mehr als zehn Stunden das Mitteilungsbedürfnis zu unterdrücken – bis zum Frühstück nach der Messe des nächsten Tages. Für die größeren gab es noch ein kurzes Abendstudium – entweder für den Rest der Lernarbeit oder zum Lesen. Dann war auch für sie Abendgebet und Schlafengehen angesagt. Länger aufbleiben zu dürfen, gehörte zu jenen Statussymbolen, nach denen sich die Schüler der ersten Klassen sehnten, weil sie darin jene Freiheit erkannten, die den bewunderten älteren Seminaristen in höherem Maß zugestanden wurde als ihnen.

In den letzten Wochen vor den Sommerferien

trat die heißersehnte Sommerordnung in Kraft: Weil es erst später dunkel wurde, gab es noch Abendsport und eine freiere Gestaltung der Abendfreizeit. Man spürte die Freiheit der Ferien in den kleinen Freiheiten des zu Ende gehenden Schuljahres ein wenig vorweggenommen und genoß die Erwartung. Diese Vorfreude wurde jedoch von einer schwerwiegenden Trübung bedroht. Die Zeugnisverteilung am letzten Schultag war nämlich damals noch für jede Überraschung gut. Erst im Augenblick der Zeugnisverteilung erfuhr man die Noten – also auch den Erfolg oder Mißerfolg eines ganzen Schuljahres.

Es gab keinerlei vorhergehende Verständigung, keine gesetzlichen Regelungen und Bedingungen für negative Notenabschlüsse, es gab nur nebulose Warnungen und noch überhaupt keine Art von Einspruch und Berufung. Auch waren die Professoren an keine Vorschriften und nicht an die Ergebnisse der schriftlichen Schularbeiten gebunden. Überdies wurden die Konferenzergebnisse derart geheimgehalten, daß die Überreichung der Jahreszeugnisse stets für einige Schüler zur unerwarteten Stunde der Wahrheit zu werden pflegte. Der verausgehende Schulgottesdienst erschien deshalb manchen Schülern als Bitt- statt als Dankgottesdienst. Erst der feierliche Reisesegen in der Seminarkapelle vor der Heimfahrt ließ unbeschwerten Dank aufkommen.

Das alles lag noch in weiter Ferne, wenn man nach dem Abendstudium in der Kapelle pflichtgemäß sein Gewissen erforschte, die Tagessünden

– oder was man dafür hielt – bereute, um mit ruhigem Gewissen dem nächsten Morgen entgegenzuschlafen. Diese Zeit des Ruhens war kostbar. Das Glockenzeichen zum Aufwachen war nur an Sonn-, Feier- und anderen schulfreien Tagen willkommen. Wer eine Armbanduhr mit Leuchtziffern besaß, berechnete im nächtlichen Erwachen die noch zu verschlafende Zeit. Und freute sich, wenn genügend Abstand zum Aufwecken und zum ungeliebten Schulgang blieb.

\*

*Nächtliche Zwischenwelt: Fragmente des Tages vermischen sich mit dunklen Sehnsüchten, Erinnerungen an kleine Tagesfreuden, an die immer wiederkehrenden Beschämungen, an vorauseilende Ängste, Prüfungen und Schularbeiten betreffend. Ein letztes Häppchen Rosenkranz – bereits im Schlaf verschwimmend. Polster und Bettdecke geben dir eine Geborgenheit, die du sonst vermißt. Zeit des Trostes, Zeit der Heilung, Zeit der Zärtlichkeit. Hier kannst du dich selbst umarmen und versinken.*

*Plötzlich, kurzes Erwachen: Hast du den Rosenkranz zu Ende gebetet? Du suchst nach der Perlenschnur, die sich irgendwo zwischen Nachthemd und Polster verloren hat, findest sie und betest dich in die nächste Portion Schlaf. Hoffentlich noch lange bis zum grausamen Klingeln am Morgen, das dich aus deinem Paradies vertreiben wird.*

\*

*Die kostbarsten Paradiese verbirgst du in deinem Innern: Die Erinnerung an daheim, einen Brief vielleicht, ein aufgelesenes Gedicht, ein Heiligenbildchen, der Nachklang eines musikalischen Augenblicks, eine Ahnung von Freundschaft inmitten der Klassenkumpanei. Je weniger du dein Paradies anderen öffnest, desto weniger können sie dich daraus vertreiben. Beginn eines Doppellebens. Auch das als Einübung in spätere Überlebensstrategien. Du lernst, anders zu sein, als du sein sollst. Du lernst, anders zu scheinen, als du bist. Du lernst, anders zu reden, als du denkst. Du weißt, daß du nicht lügen sollst. Aber du mußt ja nicht alles sagen. So lernst du, in der Lüge zu leben, ohne die Unwahrheit zu sagen.*

*

*Partikularfreundschaften: eine gefährliche Sache. Der Seminarist schließt keine exklusiven Freundschaften, von denen andere ausgeschlossen wären. Er ist mit allen gleichermaßen gut Freund. Nur verweichlichte Buben brauchen einen kameradschaftlichen Seelenfreund. Der Starke ist am mächtigsten allein. Und was dich nicht umbringt, macht dich stark.*

*

*Du hast viele Kameraden. Gerne hättest du einen Freund. Möglichst einen für dich allein. Doch du lernst zu teilen. Manche Mitschüler sind stets umringt, umworben, geliebt. Auch du wärest es gerne. Bist es aber nicht. Wenigstens hast du Jesus zum Freund. Doch auch ihn mußt du mit anderen teilen. Außerdem ist er weit weg. Und dort, wo er dir nahe sein könnte, versperrt ihn die vergoldete Tür des Tabernakels.*

\*

*„Gott hat die Sintflut wegen der Unkeuschheit der Menschen geschickt. Hüte dich vor dieser Sünde ganz besonders! Achte auf deine Gedanken und deine Blicke und fliehe böse Gesellschaft! Sechstes Gebot Gottes: Du sollst nicht Unkeuschheit treiben!"*

*Soweit das katholische Religionsbüchlein. Und ein wenig später:*

*„Gott weiß alles; er weiß auch unsere Gedanken. Wir sagen deshalb: Gott ist allwissend."*

\*

*Es geht dir wie Adam und Eva im Paradies nach dem Sündenfall. Nirgendwo wirst du dich vor Gott verstecken können – denn er ist überall. Nicht einmal in deine Gedanken wirst du flüchten können – auch die kennt er. Und wenn du nach dem Tod das Fegefeuer überstanden haben wirst, wirst du endgültig bei ihm gelandet sein. Die einzige Möglichkeit, ihm zu entkommen, ist die Hölle. Gib es zu: Du bist umzingelt.*

# Zwischen Furcht und Langeweile

Der Unterricht am öffentlichen Bundesgymnasium erfolgte nach den damals gültigen Unterrichts- und Erziehungsprinzipien. Er war hart, autoritär und elitär. Ein humanistisches Gymnasium, das etwas auf sich hielt, konnte wohl nicht anders sein. An Sprachen gab es Englisch ab der ersten, Latein ab der dritten und Griechisch ab der fünften Klasse. In der Oberstufe war Englisch nur mehr Freigegenstand. Die spürbare Bevorzugung des Toten vor dem Lebendigen, des Althergebrachten vor dem Aktuellen schien über den sprachlichen Bereich hinaus für diese Art von Schule prägend gewesen zu sein. Ja, manchmal zeigte sich sogar eine gewisse Faszination des Alten, des Vertrockneten, des Toten. Die mumienhaft konservierten Tierkadaver aus dem naturhistorischen Kabinett konnten eine ähnlich nekrophile Ausstrahlung entwickeln wie die in Spiritus eingelegten und den Schülern blaß-morbid entgegenschillernden Organe und Embryonenleiber, die Knochenpräparate, die menschlichen Schädel und Skelette.

Ähnlich verhielt es sich in anderen Fächern, sodaß etwa in Geschichte der Eindruck erweckt wurde, als stünde der vierte oder vierundzwanzigste peloponnesische oder punische Krieg unmittelbar bevor. Der ein Jahrzehnt zuvor zu Ende gegangene Weltkrieg schien nie stattgefunden zu haben, als habe Hitler nie gelebt, als habe sich kein Holocaust ereignet. Lediglich der Luftkampf um Deutschland kam in gelegentlichen außerprogrammäßigen Erzählungen eines jungen Professors vor, der seine Jugendjahre als Kampfflieger in kurzweiligen Schilderungen wiederaufleben ließ, von den Schülern mit jener harmlosen Spannung verfolgt, als ginge es um sportliche Abenteuer oder um Tontaubenschießen, nicht aber um Krieg, nicht aber um Leben und Tod. Faschismus war ein unbekanntes Wort. Vielleicht aus prähistorischer Zeit, unendlich lange vor Troja und des Odysseus Irrfahrten durch die griechische Literatur.

Der Geschichts- und Literaturunterricht endete irgendwann um die Jahrhundertwende, die Lektüre klassischer Dramen mit verteilten Rollen füllte so manche Unterrichtsstunde. Und die Sommerferien erfüllte das erbitterte, weil unfreiwillige Memorieren des gesamten Schillerschen Lieds von der Glocke. Im Religionsunterricht zeigte sich Martin Luther als lüsterner Nonnenschwängerer. Und die lateinische Sprache wurde als wichtigster Garant für die Einheit und Unzerstörbarkeit der katholischen Kirche gepriesen. Eine ausführliche Religionsstunde über das beklagenswerte Laster der Selbstbefleckung führte bei vielen zu heftigem Rätselraten, weil sie in den wortreich geschilderten Verirrungen die verschämten Verwirrungen der eigenen Pubertät nicht wiedererkannten.

Andrerseits gab es korrekte und hilfsbereite Lehrer, manchen Lichtblick in der allgemeinen

Ödnis des Schulalltags. Es gab sogar einen Alt-
philologen, der die griechisch-römische Antike
derart begeisternd zu schildern verstand, daß selbst
sprachresistente Schüler in seinen Bann gezogen
wurden. Klassenvorstände entwickelten fallweise
väterliche Gefühle für ihre Schützlinge, in Schul-
konflikten kam es auch vor, daß Lehrer die Partei
ihrer Schüler ergriffen oder für Nachsicht plädier-
ten. Solch seltene Durchbrechung der Schulroutine
milderte den allgemeinen Schulverdruß jedoch nur
beschränkt.

In erster Linie war die Schulzeit jedoch nicht
von Langeweile beherrscht, sondern von Furcht.
Es war nicht die an sich verständliche Sorge vor
schulischem Mißerfolg und Ungenügen, es war
vielmehr das Ergebnis einer überaus wirksamen
Unterrichtsstrategie eines Lateinprofessors in der
Mittelstufe. Es gelang ihm, seiner Anwesenheit
bereits eine starke Spannung vorauseilen zu lassen. Schon in den Pausen vor seinen Stunden ver-
breiteten sich Unruhe und Angst, sein Erscheinen
ließ die Schüler erstarren, sein Auftreten hatte
diktatorische Qualität. Vor seinen blitzartigen Zwi-
schenfragen war niemand zu irgendeiner Zeit
sicher. In jeder Stunde kam man mehrmals zu
Wort – oder zu ratlos verlegenem Schweigen.
Nachdenkzeit gab es keine. Ebensoschnell wie die
Frage kam die richtige Antwort – oder das Blitz-
urteil: Setzen, nicht genügend! Die Zahl der vielen Fünfer zwischendurch war selbst für durchschnittliche Schüler ungewöhnlich hoch. Doch

führte die Erkenntnis, daß so viele negative Noten letztlich nur wenig Gewicht besäßen, zu keiner Entlastung der inneren Anspannung.

Eine besondere Tradition humanistischer Gymnasien bestand damals darin, bei jeder erstmaligen Lektüre eines neuen lateinischen oder griechischen Autors das erste Kapitel oder wenigstens die ersten Seiten auswendig lernen zu müssen. Das galt sowohl für metrische als auch für Prosatexte. Genannter Lateinprofessor hatte jedoch – etwa bei Ovid und dem berühmten Abschnitt über das goldene Zeitalter – die Gewohnheit, daß schon das geringste Ungenügen zu einem Nichtgenügend führen konnte. Und das war bereits bei einer falschen Betonung, beim Trennen zusammengehörender Wörter oder bei einmaligem Steckenbleiben gegeben. Monatelang mußten die Schüler am Beginn jeder Lateinstunde das gesamte Kapitel rezitieren – jeder ein paar Verse, manche bis zum ersten Mißgeschick und dem darauffolgenden Fünfer.

Eine weitere Eigenart dieses Lehrers war seine derbe und oft beleidigende Sprache. Verschärft durch einen groben Dialekt, konnten seine Kraftausdrücke – Depp, Trottel, Narr, Idiot – die Schüler arg einschüchtern. Bisweilen kündigte er einem Schüler bereits im Herbst den Lateintod für das Ende des Schuljahres an. Einmal mit dem unmißverständlichen Satz: Dich bring ich um. Als der Professor dann auch noch den Todeskandidaten vom Ritual des täglichen Aufgerufenwerdens ausschloß, begann ein Nervenkrieg. Der ohnehin schwache Schüler sah sich der Möglichkeit, mündliche Leistungen zu erbringen, beraubt, wurde zunehmend nervöser und versagte dann – verständlicherweise – auch noch bei den Schularbeiten. Die Prophezeiung hatte sich erfüllt.

Der Seelenterror dieses Lehrers war so stark, daß man einen Schultag, an dem die – üblicherweise tägliche – Lateinstunde ausfiel, wie einen schulfreien Tag bejubelte. Eine einzige ungewöhnlich milde Stunde blieb den Schülern lange in Erinnerung: Der Professor flüsterte bloß mit fast geschlossenem Mund, gab sich äußerst wortkarg und erstaunlich unaggressiv. Die Schulfama löste das Rätsel auf banale Weise: Der zahnlose Lehrer war bald wiederhergestellt und fortan bissig wie eh und je.

*

*„Das gehört nicht zum Stoff!" – „Das steht erst im Lehrplan der nächsten Klasse!" – „Das kommt erst in der Oberstufe!" So werden deine Fragen meist beantwortet. Das tötet deine Neugier ab. Wenn du etwas wissen willst, bekommst du keine Antwort. Wozu gehst du überhaupt in die Schule? Irgendwann einmal bist du genügend abgestumpft, hast das Fragen aufgegeben, erwartest keine Antworten mehr. Du lernst nicht mehr aus Neugier, sondern paukst Antworten auf Fragen, die du gar nicht gestellt hast, und suchst dir die Antworten auf*

*die eigenen Fragen anderswo. Oder auch gar nicht mehr. Am Ende fragen kaum mehr die Schüler, sondern bloß die Lehrer – und du gibst ihnen die ohnehin schon bekannten Antworten. Oder auch nicht. Die Schule hat deine Neugier, die dich vielleicht irgendwann einmal lernbegierig hat sein lassen, abgetötet. Erst wenn du das Fragen verlernt hast, bist du ein idealer Erwachsener. Vielleicht wirst du selbst einmal Lehrer. Oder Priester. Auch eine Art Lehrer…*

*

*Die Austreibung der Neugier auch dort, wo es um die Antwort auf letzte Fragen geht: Die Offenbarung ist abgeschlossen. Das kirchliche Lehramt hat alles ein für allemal geklärt. Du brauchst nicht mehr zu suchen. Die Kirche hat für dich bereits gefunden: alles und endgültig. „Ich glaube alles, was die Kirche lehrt." Dann brauchst du nicht einmal mehr nachzudenken. Du kannst auch glauben, ohne verstanden zu haben. Ja – letztlich kannst du vieles gar nicht verstehen. Es ist ganz gut, nicht alles verstehen zu wollen. Das macht nur hoffärtig. Gott prüft deinen Glauben gerade dadurch, daß so vieles im Dunkel bleibt. Nur der Hochmütige will alles verstehen. Hüte dich vor der Sünde des Zweifels!*

*

*Wir Katholiken haben es ja gut: Bei uns ist alles eindeutig und klar. Wir haben die Dogmen, an denen nicht gerüttelt werden darf, und wir haben den Papst, der sein universelles Lehramt ausübt. Und seit es – Gott sei Dank – die Unfehlbarkeit des Papstes gibt, brauchen wir auch kein Konzil mehr, um über Glaubens- und Sittenlehren nachzudenken und zu beraten. Wenn man nur bedenkt, daß früher bei den Konzilien über Glaubenswahrheiten abgestimmt wurde – als ob man über die Wahrheit demokratisch entscheiden könnte! Nein – da haben wir es heute viel besser. Roma locuta, causa finita. So steht es auch im Religionsbüchlein:*

*„Man erkennt den katholischen Christen daran, daß er die Lehre der katholischen Kirche glaubt, ihre Sakramente empfängt und dem Papst gehorcht."*

*Wenn der Papst einmal entschieden hat, dann ist alles klar und unwiderruflich. Denn durch den Papst hat Gott gesprochen. Neuerdings beneiden uns auch die Protestanten wieder um dieses Lehramt. Ohne Autorität geht's halt nicht. Es ist eine Lust, katholisch zu sein.*

*

*Ein angenehmer Vormittag: Statt des üblichen Unterrichts ein Gang ins Stadtkino – ein Kulturfilm. Albert Schweitzer als Vorbild der Menschlichkeit: Gelehrter der Leben-Jesu-Forschung, Kenner und Interpret Bachscher Musik. Zwei Bilder prägen sich nachhaltig ein. Der Musiker spielt ganz versunken an einer nach seinen Vorstellungen gebauten Elsässer Orgel. „O Mensch, bewein dein Sünde groß" – Bach. Und dann – der weltflüchtige Urwalddoktor in seinem Spital in Lambarene. Schnauzbärtig inmitten bresthafter und hilfsbedürftiger Afrikaner. In der kargen Freizeit am Pedalflügel übend – Johann Sebastian Bach im Urwald.*

# Qua flumen intermittit

Szenario: Lateinstunde, Caesar-Lektüre, Übersetzung der als Hausübung aufgegebenen Stelle. Schüler K. übersetzte einen Text, in dem die Stadt Vesontio vorkommt, die in einer Flußschlinge liegt. Der Zugang vom Land her – qua flumen intermittit – ist nicht leicht in deutsche Worte zu fassen. Der Schüler versuchte es: ... die Stelle, die der Fluß freiläßt. Womit folgender Dialog begann:

Professor (dialektgefärbt): Woher hast du das?

Schüler (den Vorwurf, er habe eine unerlaubte Übersetzung – einen sogenannten Schmierer – zu Rate gezogen, abwehrend): Nicht aus dem Schmierer.

Professor: Ich hab dich nicht gefragt, woher du es nicht hast, sondern woher du es hast.

Schüler: Ich hab es selbst übersetzt.

Professor: Das glaub ich dir nicht.

Schüler: Ist aber wahr.

Professor: Du lügst. Also: Woher hast es?

Schüler: Wirklich nicht aus dem Schmierer!

Professor: Ich hab dich nicht gefragt, woher du es nicht hast, sondern... (siehe oben)

Professor (nach längerem inhaltsarmen aber immer heftigerem Wortwechsel in repetierender Dialogschlinge): Das ist mir wurscht (egal)!

Schüler: Mir auch.

Professor: Hinaus!

Der Schüler verließ wütend und ratlos das Klassenzimmer. Nach kurzem Nachdenken begab er sich in die Direktionskanzlei. Der Direktor war nicht anwesend – hatte selbst Unterricht. Der Schüler veranlaßte den Schulwart, den Direktor aus der Klasse zu holen. Diesem berichtete er von dem Vorfall, gab zu, vielleicht frech gewesen zu sein, bestand aber darauf, nicht gelogen und die Caesar-Stelle selbst übersetzt zu haben. Der Direktor ging mit dem Schüler zu dessen Klasse, klopfte den Lateinprofessor heraus und gab ihm den Auftrag, den Schüler wieder in die Klasse zu nehmen. Den Vorfall selbst könne man später regeln. Der Professor – ungehalten über die Einschaltung des Direkors – führte die Stunde zu Ende und machte eine Eintragung ins Klassenbuch: K. wegen Lüge und Frechheit aus der Klasse gewiesen.

Wenig später fand ein Disziplinarverfahren in ebendieser Sache in der Direktionskanzlei statt.

Ankläger: der Lateinprofessor
Verteidiger: der Mathematikprofessor
Richter: der Gymnasialdirektor
Angeklagter: der Schüler K.
Anklage: Lüge und Frechheit

Der Vorfall wurde wieder aufgerollt. Der Lateinprofessor argumentierte, daß der Schüler diese Formulierung unmöglich selbst gefunden haben könne. (Möglicherweise stand sie wörtlich so im Schmierer.) Der Schüler bekannte sich der Frechheit schuldig – worin immer sie bestanden haben mag – doch nicht der Lüge. Er habe den Text selbständig übersetzt und besitze gar keinen Schmierer. Er habe kaum Geld, sich die wichtigsten Schulbücher zu kaufen. Die Disziplinarkommission trat auf der Stelle. Aussage gegen Aussage. Allerdings die eines Lehrers gegen die eines Schülers. Da kam dem Schüler der rettende Einfall: Er habe ja gestern im Studiersaal seinen Nachbarn nach dessen Übersetzung der Stelle gefragt. Und das wäre ja sinnlos, wenn er selbst einen Schmierer benützt habe.

Nun kam Bewegung in das Verfahren. Der genannte Studiersaal-Nachbar wurde geholt, ohne daß er sich mit dem Angeklagten absprechen konnte. Und er bestätigte dessen Angaben. Aufatmen. Die Disziplinarsitzung endete ohne Schuld- oder Freispruch. Der Schüler kehrte in die Klasse zurück. Er erhielt keine Strafe. Doch auch die Eintragung ins Klassenbuch wurde nicht geändert. Konsequenzen waren vorerst keine zu erkennen. Die Betragennote im nächsten Zeugnis lautete auf: Gut. Wie üblich.

Doch im Ablauf der Lateinstunde hatte sich etwas geändert. Der Schüler K. wurde ignoriert. Er wurde monatelang nicht aufgerufen, obwohl doch sonst jeder mehrmals die Stunde drankam. Zwar gab es keine Ankündigung des Professors für den nahenden Lateintod. Aber man hatte auch so verstanden. Hier sollte das nächste Opfer auf kleiner Flamme gebraten werden. Bei den Schularbeiten würden ihm schon die Nerven durchgehen. Man würde schon sehen. Im Jargon des

Lateinlehrers hieß diese Art von Schulfolter mit tödlichem Ausgang: „aufs Eis legen". Nicht erst einmal hatte ein auf Eis gelegter Mitschüler „ins Gras gebissen" – wie ein anderer gängiger Lehrerspruch zu verheißen pflegte. Der Lateinprofessor war kein Freund leerer Versprechungen.

Die Schularbeiten waren trotzdem in Ordnung. Erst beim Ovid-Rezitieren wurde der Schüler K. wieder aufgerufen und mit ähnlicher Schärfe behandelt wie alle anderen. Die Zeugnisnote war zwar um einen Grad schlechter als der Durchschnitt der Schularbeitsnoten – doch er hatte überlebt.

Der Schüler ging gegen Schulschluß nochmals zum Direktor, berichtete über den Verlauf des Jahres und ersuchte, im nächsten Schuljahr in die Parallelklasse versetzt zu werden. Der Direktor beruhigte – man werde schon sehen.

Im Herbst, bei Schulbeginn fand sich der Schüler K. wieder in derselben Klasse. Doch in der ersten Lateinstunde kam ein anderer Lehrer.

Wieder war ein Bann gebrochen.

\*

*Im Lateinunterricht lernst du genau zu denken und klar zu formulieren. Wer Latein kann, versteht die kulturellen Wurzeln des christlichen Abendlandes.*

*Du wirst zu den wenigen gehören, die Latein als Fundament ihres Wissens, Denkens und Glaubens beherrschen. Sei dankbar dafür und stolz darauf!*

*Latein ist unerläßlich, um ein guter Priester zu werden. Latein ist die Muttersprache eines jeden echten Katholiken. Mit Latein steht und fällt die Einheit der Kirche.*

*Es ist bloße Mutmaßung, daß sich die Engel im Himmel lateinisch verständigen. Latein als heimliche Sprache Gottes: Gloria in excelsis Deo!*

\*

*„Introibo ad altare Dei: ad Deum, qui laetificat juventutem meam." (Zum Altar Gottes will ich treten: zu Gott, der meine Jugend mit Freude erfüllt.)*

*So der erste Satz des Stufengebetes am Beginn der Messe. Bevor du die lateinischen Gebete auch tatsächlich im Gottesdienst sprechen darfst, sind einige Hürden zu nehmen: Einführung in den Ministrantendienst, Einübung der notwendigen Körperhaltungen, der gemessenen Bewegungen, Auswendiglernen der lateinischen Antworten und vorsorgliche Übungen im Altarraum. Schließlich gestrenge Vorprüfungen und Prüfungen – vor allem der lateinischen Texte – als letzte Zulassungsbedingungen für den liturgischen Dienst.*

*Und dann erst – mit Zittern und Zagen – im erstmaligen Ernstfall vor versammelten Klassenkameraden das langatmige Confiteor samt allen Engeln und Heiligen herausgestammelt, atemlos, tonlos, freudlos... zu Gott, der meine Jugend mit Freude erfüllt.*

\*

*Der daheim gern erfüllte Ministrantendienst kann im Seminar zur gefürchteten Pflicht werden. Nach jedem Dienst mußt du zum Rapport beim Spiritual: Fehler bekennen, Besserung geloben. Wie überhaupt die Demutsübungen zum erzieherischen Maßnahmenkatalog gehören. Etwa vor versammelter Klasse, am wirksamsten jedoch vor der ganzen Seminargemeinschaft. Demut lernt sich nicht von selbst. Sie braucht Demütigungen. Die pädagogische Erniedrigung gilt als wirksames Instrument seelischer Erbauung.*

*

*Die Tischlesung besorgen Seminaristen der obersten Klassen. Der erste Auftritt vor versammelter Vorstehung und allen Mitschülern beginnt in höchster Anspannung. Nach wenigen Sätzen wird abgeläutet: „Bitte, lauter!" Wieder nach einigen Sätzen: „Noch lauter!" Mit hochrotem Kopf und gepreßter Stimme wird weitergelesen. „Lauter lesen!" Noch einige Sätze. Dann das blamable „Aus!". Zweihundert Seminaristen sind Augen- und Ohrenzeugen der Hinrichtung. Die spätere Bemerkung des Spirituals, man müsse nur näher zum Mikrophon, erscheint wie ein als Trost getarnter Hohn.*

*

*„Himmelsau, licht und blau,
wieviel zählst du Sternlein?*

*Ohne Zahl, sovielmal*
*sei gelobt das Sakrament."*

*Häufig gesungenes Lied zum sakramentalen Segen. Vor und nach dem Segen mit der Monstranz werden nicht nur als Sakralversion von „Weißt du, wieviel Sternlein stehen" die Gestirne am nächtlich dunklen – wieso „licht und blauen"? – Himmel gezählt, sondern auch die Stäubchen in Gottes staubiger Welt, die Gräslein im Sommerfeld, die Zweiglein im dunklen Wald, die Tröpflein im Meer, die Fünklein im Sonnenschein und die Stündlein der Ewigkeit. Knabenprotest gegen die unsäglichen sieben Diminutive von Sternlein bis Stündlein: Die lichtblaue Himmelsau mutiert in respektlosem Spott zur grunzenden Himmelssau.*

# Ministrantenlatein

Die meisten Seminaristen waren schon in ihren Heimatpfarren Ministranten gewesen. Die lateinischen Gebete, die man damals noch sprechen mußte, konnten sie oft schon auswendig, bevor sie deren Sinn verstanden – wenngleich bisweilen in einem skurril verballhornten Kinderlatein.

Im Knabenseminar merkte man schnell, daß es auch einen Ministrantendienst für gehobene Ansprüche gab. Die Kleinsten waren vorerst vom Meßdienst ausgeschlossen. Dann kamen die ersten schlichten Dienste bei Andachten, zu denen man noch kein Latein brauchte. Erst als man in der Schule die Grundkenntnisse der lateinischen Sprache erworben hatte, wurde man auf den Dienst in der Messe vorbereitet. So konnte man die Gebete richtig aussprechen und ihren Sinn verstehen. Den ersten Auftritten gingen zuerst ausführliche Instruktionen und dann regelrechte Proben und zuletzt sogar richtige Prüfungen voran. Erst dann wurde einem das gestattet, was man schon Jahre zuvor daheim – freilich nur in stümperhafter Weise – getan hatte. Bei den Messen wurde man vorerst in schlichteren Rollen und erst später zu gehobenen Tätigkeiten zugelassen. Die höchsten Dienste – etwa beim feierlichen Hochamt an Festtagen – versahen die Seminaristen der obersten Klassen. So wuchs man in eine genau gestaffelte Hierarchie des Altardienstes hinein –

immer im Blick auf den späteren Dienst als Priester.

Da es für alle Aufgaben strenge Regeln, Schulungen und sogar Prüfungen gab, wurden die Ministranten von den Mitschülern genau beobachtet und ihre Auftritte anschließend besprochen. Nach jedem Dienst hatte man sich beim Spiritual zu melden und die begangenen Fehler aufzuzählen. Da die Vorschriften sehr ins Detail gingen, war es kaum möglich, fehlerlos zu ministrieren. Waren die Fehler allzu gewichtig oder zahlreich, wurde man vom Spiritual streng zurechtgewiesen, im Extremfall sogar zeitweise vom Ministrantendienst gesperrt. Manchem wurde auf diese Weise die Freude an eben der Betätigung genommen, die einem den Weg zum Priesterberuf gewiesen hatte. Als einmal ein Ministrant einer unteren Klasse seinen Dienst besonders genau versehen wollte und ihn deshalb mit geradezu eckig-militärischen Bewegungen im Altarraum exekutierte, mischte sich in die öffentliche Entrüstung gerade soviel Belustigung, daß eine radikale Sanktion des Spirituals unvermeidlich war: Mißbilligung und Sperre für ein gutgemeintes Bemühen.

Im Seminar gab es insgesamt drei Kapellen: die große Hauskapelle für die allgemeinen Gottesdienste, eine erst später eingerichtete kleine Kapelle für die beiden ersten Klassen und die Schwesternkapelle für die geistlichen Schwestern und das Hauspersonal. In allen drei Kapellen gab es täglich Messen und zusätzlich eine große Zahl von

Andachten, Kreuzwegen, Prozessionen und ähnlichen Gottesdienstformen. Das meiste, was im liturgischen oder volkstümlichen Brauchtum verankert war, wurde im Seminar gepflegt. Und zwar in der Regel verpflichtend. So gab es die Quatembertage, Bittprozessionen, Maiandachten und nächtliche Anbetungen. Vieles davon in dreifacher Ausführung. Dadurch ergab sich ein reicher Bedarf an Diensten für Ministranten jeglichen Ranges, für Sakristane, die den Mesnerdienst versahen, für Vorbeter und Organisten. Letztere Dienste wurden von älteren Seminaristen versehen, gemäß ihren Begabungen und Fertigkeiten.

Bei all diesen Diensten war jedoch eine strenge Reglementierung der Brauch. Abweichungen wurden nicht geduldet. Für Fehler mußte man sich jedesmal beim Spiritual entschuldigen. Für Demutsübungen war auch hier gesorgt.

Die Gestaltung der Messen kannte alle Abstufungen von der stillen Messe bis zum feierlichen lateinischen Hochamt mit Chor und Orchester. Die Wochentagsmessen variierten täglich in ihren Formen: Stille Messe, Missa rezitata (bei der die lateinischen Texte laut und teilweise gemeinsam gesprochen wurden), Singmesse (bei der nur Lieder gesungen, jedoch keine Texte laut gesprochen wurden) und die vor dem Konzil als fortschrittlich geltende Betsingmesse (mit deutsch gesprochenen und gesungenen Teilen) waren das gewöhnliche Repertoire. Doch auch gregorianische Gesänge fanden sich im variablen Repertoire der Liturgie.

Da die Organistendienste häufig benötigt wurden, galt es als musikalischer Suchsport, den amtierenden Organisten möglichst schon an der ersten Takten zu erkennen. Bisweilen galt die Besprechung der Organistenleistung am Frühstückstisch als kulturelle Eröffnung des täglichen Tratsches.

Da die Messe damals noch lateinisch gefeiert wurde – also wenigstens der Priester an die lateinischen Texte gebunden war – trachtete man nach Erlangung der ersten Lateinkenntnisse, den Text des Zelebranten mitzuverfolgen. Dazu diente das lateinisch-deutsche Volksmeßbuch, der sogenannte Schott. So wuchs man unmerklich in die spätere Rolle des Priesters hinein und erwarb sich Vertrautheit und Geläufigkeit im Lesen lateinischer – wenn auch nicht immer verstandener – Texte. In der stillen Messe versuchten viele Seminaristen mit wachsender Routine die liturgischen Texte simultan mit dem Zelebranten zu lesen. Zwischendurch gelang es immer wieder mit einem kurzen Blick auf den still vor sich hin betenden Priester zu erkennen, ob die Gleichzeitigkeit gewahrt blieb. Gelegentlich rühmte sich ein flinker Mitzelebrant, den Geistlichen beim Messelesen überholt zu haben.

*

*Während der Spiritual die tägliche Frühmesse mit den Seminaristen feiert, zelebrieren die anderen Priester des Hauses an den Seitenaltären ihre stillen Messen. So bist du von diversen flüsternden Zelebranten und ihren respondierenden Ministranten umgeben. Wenn auch am Hochaltar eine stille Messe gelesen wird und die Seminaristen in ihren Schott-Meßbüchern mitzulesen versuchen, gleicht die ganze Kapelle einem flüsternd lateinisch summenden Bienenschwarm. Die mit dem Zelebranten Tempo haltenden Seminaristen inmitten der ungleichzeitig zelebrierenden Nebenzelebranten bilden eine Wolke lateinischen Flüstergewirrs zur höheren Ehre Gottes, seiner Engel und Heiligen.*

\*

*Aus dem Religionsbuch:*

*„Wir verkleinern uns beim Knien, wir bringen unseren Körper näher zur Erde, wir ertragen das schmerzhafte Opfer beim länger dauernden Knien, weil wir unsere demütige Gesinnung sinnbildlich ausdrücken wollen, die uns als Büßer vor Gott rechtfertigen soll. Wir wollen dadurch gleichsam Gott auch äußerlich durch unseren Körper, der so oft der Teilhaber an der Sünde ist, überzeugen, daß wir durch die Sühne auch der Erhörung wert seien... Der Gedanke der Unwürdigkeit, die den Beter auf die Knie zwingt, kommt auch dann zum Ausdruck, wenn wir uns zur Verehrung des Allerheiligsten Altarssakramentes nahen. Kniend empfangen wir auch den Eucharistischen Segen sowie den Segen des Bischofs und des Priesters."*

*Jetzt kniest du vor dem Priester – später einmal*

*werden die Gläubigen vor dir knien. Dazu mußt
du erst würdig werden. Nur auf den Knien kann
die Welt – kannst auch du – gerettet werden.*

\*

*An den Seitenaltären der Kapelle siehst du die
Präfekten, den Rektor, den Religionsprofessor, aber
gelegentlich auch Gastpriester ihrem leise huschen-
den Geschäft nachgehen. Der Ministrantendienst
an den Seitenaltären ist weniger kompliziert und
fehlerträchtig, als der am Hauptaltar beim Spiritual. Du bist auch weniger beobachtet. Nicht jeder
Fehler wird dem Spiritual bekannt. Die Fehler vor
dem Spiritual zu verschweigen, hilft wenig. Du
müßtest dann später die sündige Unterlassung beichten. Die Messen an den Seitenaltären sind zudem
kürzer – je nach Flüstergeschwindigkeit des Zelebranten. Gestoppte Zelebrationszeiten kursieren
gerüchteweise unter den Seminaristen. Den Ge-
schwindigkeitsrekord hält ein Gastpriester.*

\*

*Die Hostie klebt am Gaumen. Das ist nicht an-
genehm. Wie kriege ich sie da wieder herunter?
Und beißen darf man sie nicht. Wir wollen doch
unserem lieben Herrn Jesus nicht weh tun.*
*Die Gegenwart des Heilandes in der Kommu-
nion ist an die physische Existenz des Brotes gebunden. Solange du die Hostie noch im Mund*

*spürst, ist er da. Wenn du sie hinunterschluckst,
wird sie sich schnell auflösen.*

*Was sich da im Magen abspielt, ist theologisch
schwer zu ergründen. Deshalb ist es empfehlens-
wert, die Hostie so lange es möglich ist im Mund
zu behalten. So kann man die Gegenwart Jesu im
Sakrament verlängern.*

*Du sollst knien und andächtig beten, solange
seine Existenz durch das Vorhandensein der Hostie in dir anhält. Man sitzt nicht mit Jesus im
Bauch. Erst wenn er sicher nicht mehr da ist, darfst
du dich setzen.*

*

*Ein Missionar auf Besuch im Seminar: Lichtbil-
dervortrag mit halbnackten Schwarzen vor ihren
Hütten, mit pseudogotischen Buschkirchen, Ton-
bandvorführungen mit gregorianischem Choral aus
den Kehlen bemühter Zentralafrikaner, die Schu-
bert-Messe auf Kisuaheli und als kulinarischer
Appetitzügler das Bild eines Eingeborenen aus
Neuguinea, der eine Schüssel mit Engerlingen als
Delikatesse vor dem Verzehr zur Schau bietet –
roh zu genießen. Die Wohltaten und Segnungen
des christlichen Abendlandes führen die Welt und
die Menschheit ihrer unaufhaltsamen Erlösung
entgegen. Hier siehst du, wie schön es ist, katholisch zu sein.*

## Musik und Lektüre

Neben den drei Säulen der Seminarerziehung –
der Frömmigkeit, dem Lernen und dem Sport, für
jeden verpflichtend und unverzichtbare Teile der
Tageseinteilung – wurden zwei Bereiche gefördert
und freiwillig nach Begabung und Interesse gepflegt: die Musik und das Lesen.

Im großen und vielgliedrigen Gebäude des
Knabenseminars gab es einen eigenen Trakt mit
mehreren Musikzimmern, in denen eine Reihe von
Klavieren, aber auch ein Harmonium und eine
kleine Übungsorgel standen. Die besondere Lage
dieser Zimmer brachte es mit sich, daß man das
oftmals üppige Gemisch an Tönen und Klängen
in den Studierräumen nicht hörte. Auch kontrol-
lierten die geistlichen Vorsteher kaum diese Räume, sodaß dort ein Bereich der Freiheit abseits
der allgemeinen Aufsicht entstand. Lediglich die
Musiklehrer, die von außerhalb des Hauses kamen, hielten dort ihren Instrumentalunterricht.
Vom Seminar wurde dafür gesorgt, daß jeder, der
es wollte und dessen Eltern es sich leisten konnten, ein Instrument erlernen durfte. Dabei wurde
darauf geachtet und durch Empfehlungen gefördert, daß auch die verschiedenen Orchesterinstru-
mente erlernt wurden. So entstand ein kleines
Seminarorchester, das bei festlichen Gelegenhei-
ten respektabel aufspielen konnte.

Der Unterricht war erschwinglich und wurde in

einzelnen Fällen vom Seminar finanziell unterstützt. Das galt besonders für die Orgel – die man ja in den vielen Gottesdiensten einzusetzen hatte. In den drei Kapellen gab es eine große und eine kleine Orgel nebst einem Pedalharmonium. Einmal wöchentlich reiste aus der Großstadt ein hochangesehener Professor an, dortselbst Domorganist, und erteilte an der großen Orgel der Hauskapelle seinen Unterricht einer kleinen Gruppe von Seminaristen, die für das Organistenamt ausgewählt worden waren. Einmal jährlich gab er in der Kapelle ein vielbewundertes Orgelkonzert, das die jungen Organisten in ihren eigenen Bemühungen anspornen und mitreißen sollte.

Es gab im Knabenseminar auch einen eigenen Chor – jedoch nicht aus freiwilligen Sängern zusammengesetzt, sondern nach eingehender Stimmprüfung durch den Chorleiter. Die Teilnahme an der sogenannten Chorschule war für die meisten Auserwählten eine ehrenvolle Pflicht. Nur selten ließ sich ein Schüler – hauptsächlich aus schulischen Gründen – davon dispensieren. Besonderes Ansehen genossen die Solisten, über die man bei den Hochämtern, in denen sie ja unsichtbar sangen, Mutmaßungen anstellte und deren Leistungen anschließend fachlich diskutiert wurden. Für die Musikalischen war der Stimmbruch eine Zäsur, nach der man begierig lauschte, welche Stimmlage sich entwickeln würde, damit man bald die Männerstimmen im Chor verstärken konnte.

Die Leitung hatte ein damals junger Musiker,

als Geiger und Bratschist gerühmt, der auch immer wieder eigene Kompositionen und Liedsätze zum Repertoire beisteuerte. Sein Ansehen im Seminar war groß, obwohl er als einziger Träger einer Hauptrolle im Seminargeschehen kein Priester war und außerhalb des Seminars lebte. Die jungen Sänger schätzten ihn und seine Arbeit, was sie aber nicht hinderte, seine nicht allzu belastbaren Nerven durch Geschwätzigkeit und Nachlässigkeit zu strapazieren. Neben den Hochämtern zu den großen Festen gab es genug Anlässe während des Jahres, um den Chor und das Orchester auftreten zu lassen. Manchmal waren es nur kleinere Werke, die einen festlichen Anlaß verschönern sollten, manchmal – vor allem knapp vor Weihnachten und vor den Sommerferien – gab es regelrechte Konzerte und Festakademien.

Für die Musikinteressierten gab es außer der Möglichkeit, ein Instrument zu erlernen und zu spielen, vielleicht sogar ein Leihinstrument vom Seminar zu bekommen oder im Chor mitzuwirken, auch ein reichlich bestücktes Musikarchiv. Dort wurden nicht nur Noten für den Unterrichtsgebrauch aufbewahrt, sondern es hatte sich dort auch ein großer Fundus an Klavierauszügen, Partituren, Gesamtausgaben und Werken in allen möglichen Besetzungen angesammelt – vielleicht aus Nachlässen und Schenkungen – also eine riesige Fundgrube für die kleine Zahl der besonders Ambitionierten. So konnte man sich auf einen Opernbesuch mit Partitur und fallweise unter

Zuhilfenahme von Schallplatten oder den gerade erst aufgekommenen Tonbändern vorbereiten. Stimmgewaltige versuchten sich in Opernarien und Schubertliedern, Instrumentalisten probierten es mit Kammermusik, und die Klaviertiger schnupperten im noch unspielbaren Repertoire ihres Faches. Auf diese Weise gab es neben dem normalen Musikbetrieb des Hauses vielfältige Möglichkeiten, musikalische Neugier zu befriedigen und Fähigkeiten zu entwickeln.

Ein anderer Ort für persönliche Neigungen und gelegentliche Obsessionen war die Bibliothek – reich ausgestattet und nach Klassen geordnet. Diese Ordnung sollte verhindern, daß man Literatur zu Gesicht bekam, die noch nicht dem Alter entsprach. Tägliche Bibliotheksstunden boten die Möglichkeit, sich aus Katalogen Bücher herauszusuchen und zu entlehnen. Kostenlos. In der Regel waren in jeder Klasse neben den Kinder- und Jugendbüchern für die entsprechende Altersstufe auch ein ähnlich eingestufter Teil der Klassiker verfügbar. Diese Art von Literatur – vielleicht auch durch den schulischen Gebrauch in Mißkredit geraten – wurde jedoch selten beansprucht. Eher schon der belletristische Teil des Angebots. In der Tertia war Karl May vorgesehen und verursachte regelmäßig kollektive Lesewut. Die gleichaltrig eingestuften Klassiker wie Goethe und Grillparzer hatten daneben wenig Chancen. Leseverbot für die Bücher von Karl May galt als besonders gefürchtete Strafe.

Daß man Bücher las, wurde gern gesehen und reichlich gefördert. Das galt in erhöhtem Maß für religiöse Literatur. Neben der allgemeinen Bibliothek gab es noch die private des Spirituals und des Professors, aus der man nach Vorsprache und Beratung entlehnen konnte. Das Vorzimmer des Spirituals war von einer reichen Bücherwand beherrscht, wo man zwanglos suchen und schmökern konnte. Dadurch war dieses Vorzimmer zugleich ein informeller Aufenthaltsraum in der Freizeit. Dort konnte man jederzeit anklopfen und eintreten, konnte auch bloß verweilen, lesen, plaudern, warten. Zu solchen Zeiten kamen auch all jene Seminaristen, die in irgendeinem Amt – als Ministranten, Sakristane, Vorbeter oder Organisten – beim Spiritual vorzusprechen hatten, weshalb dort ein lebendiger und häufig lustiger Betrieb entstand. Wenn dann der Spiritual selbst dazu kam, seine beliebten Witze erzählte oder in spielerischen Raufhändeln mit den Kleinen am Boden herumtollte, kam sogar so etwas wie eine familiäre Stimmung auf. Für manche vielleicht ein kleiner Ersatz für die entbehrte eigene Familie.

Ähnliches galt für den Professor, den alle vom Gymnasium her und vom Mittagstisch kannten. Er war zwar offiziell kein Vorsteher des Hauses, aber als im Seminar wohnender Priester für viele ein inoffizieller Spiritual. Ein Seelenführer, wie man das früher nannte. Er hatte einen Kreis von Seminaristen, die ihn gern und häufig besuchten – aber auch eine gewisse Zahl solcher, die ihn aus unerfindlichen Gründen eher mieden. Eine große Attraktion seiner Wohnung war jahrelang eine riesige elektrische Eisenbahn, welche ein ganzes Zimmer ausfüllte. Die Möglichkeit, damit zu spielen, war sogar für solche Seminaristen verlockend, die sonst kaum zum Professor kamen. Für das vielleicht einmalige Glück des Eisenbahnspielens nahmen sie sogar die Anwesenheit ungeliebter Kameraden in Kauf.

Eine Polarisierung in Fans und dem Professor Fernstehende war durchaus zu spüren. Seine körperliche und seelische Kontaktfreudigkeit schenkte möglicherweise manchem Seminaristen Ersatz für entbehrte Häuslichkeit. Seine jahrzehntelange Tätigkeit im Knabenseminar brachte es mit sich, daß ein großer Teil des Klerus seiner Diözese die Kinder- und Jugendjahre in seinem Wirkungskreis verbracht hatte. Nach seinem Aufstieg zu höchsten kirchlichen Würden entstand die auch heute noch übliche Standardfrage in Klerikerkreisen: Bist auch du durch seine Hände gegangen?

*

*„Wer nicht Vater und Mutter, Bruder und Schwester hinter sich läßt, ist meiner nicht wert." Die Abnabelung von familiären Bindungen wird konsequent betrieben. Außer Weihnachten und Ostern gibt es keine Besuche daheim. Heimweh gilt als ebensowenig männlich wie das Weinen. Die Lösung von der Familie ist die Vorbedingung für das*

*später eheloses Leben als Priester. Zärtlichkeiten sind verpönt – sie sind etwas für sentimentale Mädchen.*

*Lediglich die zölibatären Streicheleinheiten des Religionsprofessors sind unverdächtig. Ihnen liegt kein familiäres Besitzdenken, keine schnöde erotische Lust, kein vordergründiger Glücksegoismus zugrunde. Hier wird bloß die väterliche Zuneigung des geistlichen Vaters spürbar. Sie wird dich jede Sehnsucht nach irdischer Zärtlichkeit vergessen lassen.*

*

*Gern verzichtet der Priester auf familiäre Bindungen. Seiner alten Mutter freilich hält er die Treue ebenso wie der noch viel älteren Mutter Kirche. Er verzichtet auf eine Familie, um ganz Gott zu gehören: der ungeteilte Dienst. Gott will ihn nicht mit anderen teilen. Er ist ein eifersüchtiger Gott – wie schon die Bibel sagt. Du mußt dich entscheiden zwischen der Liebe zu Gott und der Liebe zu einer Frau. Gott und eine Frau – das paßt ebensowenig zusammen wie: Gott und der Mammon. Wenn du der Verführungskraft der Frauen widerstehst, wird es dir Gott im Himmel hundertfach lohnen. Der schönste Lohn für den Verzicht auf menschliche Liebe ist die Liebe Gottes.*

*Der Priester verzichtet aber auch auf eine Familie, um ganz für andere dazusein. Seine Familie ist jetzt die Pfarrgemeinde. Wenn er sich völlig in ihren Dienst stellt, wird sein Leben ein Gott wohlgefälliges Opfer sein. Die altruistischen Freuden der Seel-*

*sorge werden die egoistischen Freuden der Liebe bei weitem übertreffen. Es wird eine große Freude sein, sein Leben ganz für andere aufzuopfern. Ein Priesterleben ist ein Opferleben.*

*Die Kinder eines Priesters sind seine Pfarrkinder. Er sorgt sich um ihre Seelen – deshalb nennt man ihn Seelsorger. Die unsterbliche Seele des Menschen ist das Entscheidende. Sie sollst du retten. Deshalb zählt man auch die Katholiken nach ihren Seelen: Eine Pfarre hat soundsoviel tausend Seelen. Der Priester ist für sie verantwortlich. Er muß Seelen retten. Für Gott. „Was nützt es dem Menschen, wenn er die ganze Welt gewinnt, aber an seiner Seele Schaden leidet?"*

\*

*In den verpönten Partikularfreundschaften, im Wunsch nach engen Bindungen, nach Berührungen und exklusiver Nähe keimt der gefährliche Glücksegoismus. Das Streben nach flüchtigem irdischem Glück steht dem unvergänglichen jenseitigen Glück im Wege. Du mußt dich entscheiden: Entweder raffst du egoistisch die Augenblicke vergänglicher Lust – oder du versagst dir diese und gewinnst jene: die ewige Glückseligkeit.*

\*

*Der Verzicht prägt schon jetzt dein Leben als Seminarist, wie er später dein Leben als Priester*

100

*prägen wird: Doch worauf immer du verzichten wirst – auf ein Übermaß an Essen und Trinken, auf reichlichen Schlaf und Freizügigkeit des Lebens, auf Liebe, Familie und Zärtlichkeit – es wird dir hundertfach vergolten werden. Was immer du tust, du tust es um Gottes Lohn. Vergelts Gott!*

*

*Mit fortschreitendem Schuljahr werden die Tage kürzer und wird das Aufstehen am Morgen mühsamer.*

*„Einen Zuruf hör ich schallen:*
*Brüder, wacht vom Schlummer auf!*
*Denn es naht das Heil uns allen,*
*Nacht ist fort, der Tag im Lauf!"*

*Wenn das Adventlied in der Kälte des frühen Morgens zur Rorate erklingt, ist das Ärgste – das Aufstehen – schon überstanden. Wenngleich die nächste Strophe vor ungeahnten Lastern warnt:*

*„Laßt uns wie am Tage wandeln,*
*nicht in Fraß und Trunkenheit,*
*nicht nach Fleischbegierden handeln,*
*weit verdammt sei Zank und Neid."*

*So leicht man in ermangelnder Gelegenheit auf Fraß und Trunkenheit zu verzichten gewillt ist – die Freude auf den nahenden Weihnachtsbraten läßt sich schwerlich unterdrücken. Die vorweihnachtlichen Fleischbegierden sind zumindest als läßliche Sünden zu verbuchen.*

# Alle Jahre wieder

Der eintönige Ablauf des Schuljahres wurde außer durch die Weihnachts- und Osterferien, zu denen man heimfahren durfte, auch durch mancherlei Feiern und Brauchtum unterbrochen. Einige Termine, wie der jährliche Besuch des Erzbischofs und Kardinals, variierten von Jahr zu Jahr, andere Feste und Anlässe bildeten ein fixes Gerüst, an dem man sich über das trübe Einerlei des Alltags hinwegturnen konnte.

Der Leopoldikirtag zum Fest des Landespatrons am 15. November war ein in die Mauern des Knabenseminars transferiertes Kirchweihfest – mit Festgottesdienst und Festschmaus einerseits, mit Ringelspiel, Schießbuden und sportlichen Wettkämpfen andrerseits. Es war der erste große Höhepunkt im Jahresablauf und pflegte auch die ersten Wunden des jungen Schuljahres zu heilen.

Der Dezember brachte mit dem Advent eine längere Zeit reichen Brauchtums: Adventrunden, Herbergsuchen, das Fest des hl. Nikolaus am 6. Dezember, bei dem nicht nur ein als Bischof verkleideter Oktavaner den Schülern der unteren Klassen die Leviten las, sondern auch diverse Krampusse die einzige legitime Prügelstrafe des Jahres an ausgewählten Übeltätern keineswegs zimperlich vollzogen.

Zu den gefühlsintensivsten Zeiten gehörten wohl die Tage und Abende vor der weihnachtlichen Abreise nach Hause. Ein sorgfältig geprobtes Weihnachtskonzert und ein festliches letztes Abendessen waren die äußeren Höhepunkte. Der innere folgte erst: Am Ende des Abendgebetes in der dunklen und nur von Kerzen erleuchteten Kapelle erklang entfernt und zart – vom Gang hinter der Orgelempore aus – von den Knabenstimmen des Chores das „Stille Nacht". Die Finsternis verbarg manche Rührung, als man zum letzten Mal vor der ersehnten Abreise zu Bett ging.

Am nächsten Morgen weckte einen – nur dieses eine, einzige Mal – nicht die schrille Glocke, sondern eine Holzbläsergruppe, die am Gang Weihnachts- und Hirtenlieder spielte. Die Dissonanzen des ersten Jahresdrittels und die – vielleicht gar nicht so ruhmreichen – Noten des Trimesterzeugnisses, das man nach damaliger Schulordnung ausgerechnet zu Weihnachten heimzubringen hatte, verklärten sich in pastorale Harmonie, bevor man die vorweihnachtliche Heimfahrt an dem eigens schulfrei gegebenen Abreisetag antreten konnte.

Der nächste Höhepunkt im Jahreskreis war der Fasching. Und darin wiederum die traditionelle Theateraufführung. Wie häufig auch zu Leopoldi, führte eine Klasse für das ganze Seminar, aber auch für Gäste und für die Professoren des Gymnasiums ein Lustspiel auf. Manche dieser volkstümlichen Stücke, wie „Rinaldo Rinaldini" wurden ein paar Jahre später wieder gespielt, was aber dem Gaudium des ohnehin genügsamen Publikums nicht Abbruch tat, sondern eher zusätzliche Reize einbrachte. Konnte man sich doch solcherart als Kenner und vergleichender Theaterkritiker betätigen und bestätigen.

In der Pause der Vorstellung wurden Faschingskrapfen gereicht. Das war auch einer der wenigen Anlässe, wo man die Gattinnen der Professoren des Gymnasiums besichtigen und deren Äußeres fachmännisch, wie man sich fühlte, beurteilen durfte. Daß die Gattin des vielgefürchteten Lateinprofessors als „blondes Gift" wenig Sympathien erringen konnte, war vielleicht eher einer unbewußten Sippenhaftung als ihrem tatsächlichen Äußeren zuzuschreiben. Das Faschingstheater aus irgendeinem Grund nicht besuchen zu dürfen, galt als eine der härtesten Disziplinarstrafen, die das Seminarleben denken ließ.

Ebenfalls im Fasching gab es einen – diesmal religiösen – Brauch, der jugendlicher Phantasie reiches Ratematerial zuwies: Es wurde eine nächtliche Anbetung zur Sühne für die gerade in dieser Zeit so zahlreich begangenen Sünden veranstaltet. Worin diese Verirrungen und Ausschweifungen bestanden haben mögen, konnte niemand so genau benennen. Nicht einmal das verpönte Kartenspielen konnte mit solchen Verfehlungen gemeint sein, da es sogar im Seminar für die Faschingstage ausnahmsweise gestattet war. Die Vermutungen naiver Knabenphantasien schwankten zwischen übermäßigen Alkoholgenüssen und dem unbeherrschten Verzehr von Faschingskrapfen.

Ernster wurde es mit den Bußübungen in der Fastenzeit: Außer dem wöchentlichen gemeinsamen Kreuzweg und der ebenfalls wöchentlichen Fastenpredigt von exemplarischer Länge wurde die private Verrichtung des täglichen Kreuzwegs und des schmerzhaften Rosenkranzes eindringlich empfohlen. Ebenso der Verzicht auf Naschereien und die Einschränkung genußvoller Nahrungsaufnahme. Die Osterferien daheim entschädigten dafür und ließen es zu keinen schärferen Bußübungen kommen. Wie sich überhaupt die Aufenthalte zu Hause als Oasen freien und lustvollen Lebens herausstellten.

Als besondere Frucht asketischen Verzichtens galt die Spende in eine eigens dafür aufgestellte Missionskassa. Ein nach dem Einwurf einer Münze nickender Negerknabe wirkte wie eine Bestätigung des wohltätigen Verzichts. Es gab eine Regel, daß man nicht mehr als einen Schilling auf einmal einwerfen durfte. Auch für kleinere Verstöße gegen häusliche Regeln waren geringe Geldbußen zugunsten der Mission vorgesehen: Wenn man etwa entgegen den Vorschriften beim Treppenlaufen gleich zwei Stufen auf einmal genommen hatte, waren fünfzig Groschen Bußgeld fällig. Sobald eine bestimmte Summe zusammengekommen war, durfte man den Namen eines zu taufenden Kindes auswählen. Im Bewußtsein, ein armes und unwissendes Heidenkind aus den Klauen Satans gerettet zu haben, sah man schon die spätere priesterliche Aufgabe, Seelen zu retten, im voraus angedeutet.

Ein letztes großes Fest vereinigte als einziges das Knabenseminar mit der Stadtgemeinde. Während sonst alle Festlichkeiten völlig getrennt vom öffentlichen Leben hinter den Mauern des Internats stattfanden, nahmen dieses eine Mal die Seminaristen – geputzt und geschneuzt, in Ausschlaghemden die Kleinen, in Krawatten die Großen – an der allgemeinen Fronleichnamsprozession der Stadtpfarre teil. Freilich in eigener Abordnung, streng in Klassen geführt, mit eigenen Musikbeiträgen und beispielgebender Frömmigkeit zur Erbauung des gewöhnlichen Volkes.

Mit herannahendem Schulschluß wurde das Seminarleben freier und entspannter. Die langen Abende, die während der Sommerordnung großzügigere Tageseinteilung und die sich steigernde Ferienerwartung prägten diese Zeit, in der alljährlich ein gemeinsamer Tag alle Seminaristen mit der Vorstehung zu einer Wanderung und einem traditionellen Geländespiel vereinte. Auch die schulischen Wandertage, die Sportveranstaltungen und Wettkämpfe auf den seminareigenen Plätzen und vor allem das Kräftemessen mit auswärtigen Mannschaften gaben dieser Zeit Abwechslung und Höhepunkte.

Die letzten Tage vor den Sommerferien brachten neben der verständlichen Furcht vor dem Zeugnis vorwiegend angenehme Vorbereitungen. Es mußten alle Habseligkeiten, die man nicht in die Ferien mitnehmen wollte, in Kartons verpackt und am Dachboden verstaut werden. Präfekt und

Spiritual gaben letzte Anweisungen, wie die Ferien zu verbringen wären. Natürlich mit täglichem Meßbesuch und Rosenkranz, in vorbildlicher Lebensführung, die den künftigen Priester erkennen ließ.

Während man die Schulmesse in der Stadtpfarrkirche noch in ängstlicher Erwartung des Zeugnisses und unter beträchtlichen Gebetsstürmen um Abwendung schulischer Elementarereignisse verbrachte, war der abschließende Reisesegen in der Seminarkapelle bereits vom glücklichen Ausgang der Zeugnisverteilung bestimmt und von lebensgieriger Ferienfreude erfüllt. Kaum irgendein Kirchenlied wurde je so begeistert gesungen, wie das letzte gemeinsame Lied vor der Heimfahrt: „Mein Gott, wie schön ist deine Welt". Erst dann ging es zum Bahnhof und von dort heimzu.

Während für die unteren Klassen die Ferien vollständig der Familie gehörten, gab es in den letzten Klassen einen Ferialdienst von zwei Wochen: In dieser Zeit hatte man – in nicht allzu strenger Weise – verschiedene Dienste zu verrichten, die während des Sommerbetriebes eines derart großen Hauses nötig waren. Auch wurde in jener Zeit ein sommerliches Treffen in Art einer Wallfahrt eingerichtet, an dem die Seminaristen freiwillig teilnehmen konnten. Genau in der Hälfte der Ferien – am 5. August zum Fest Maria Schnee – traf sich ein Teil der Seminargemeinschaft in einem kleinen Wallfahrtsort auf halber Strecke zwischen der Hauptstadt und dem Knabenseminar. Viele kamen mit ihren Fahrrädern. So blieb auch in den beiden Sommermonaten die Bindung an das Seminar bestehen.

\*

*Ansprache vor den Ferien: Nun werdet ihr zwei Monate fern vom Seminar in euren Familien leben. Vergeßt nicht, daß ihr auch in dieser Zeit Seminaristen seid, die sich auf ihren Beruf als Priester vorbereiten. Der Besuch der täglichen Messe und das Ministrieren ist selbstverständlich, ebenso der tägliche Rosenkranz. Die Leute in der Pfarre werden auf euch schauen. Seid ein Vorbild für sie. Man soll nicht sagen können, daß die Seminaristen in den Ferien eine lockere Lebensweise hätten. Der Herr Pfarrer wird uns ja berichten… Denkt daran, daß, ebenso wie ein Priester immer in Dienst ist, auch ein Seminarist in den Ferien seinem künftigen geistlichen Stand verpflichtet ist. Macht also dem Seminar keine Schande!*

\*

*„Mein Gott, wie schön ist Deine Welt:
der Wald ist grün, die Wiesen blühn,
die großen Ströme ziehn dahin,
vom Sonnenglanz erhellt;
die Wolken und die Winde fliehn,
das Leben rauscht und braust dahin.
Mein Gott, wie schön ist Deine Welt!"*

\*

*Der Spiritual wacht über deine geistliche Berufung. Er versucht, dich durch Ermahnungen und Ermunterungen auf dem Weg zum Priestertum zu begleiten. Der Präfekt sorgt sich im Alltag um das Erstarken einer wahrhaft geistlichen Persönlichkeit. Der Rektor zählt die Zahl seiner Seminaristen und sorgt sich um jeden, der abspringen könnte. Ja sogar der Erzbischof, unser hochverehrter Herr Kardinal, benötigt gerade in den gegenwärtigen Zeiten des Priestermangels jeden einzelnen, den der Herr zu seinem Dienst berufen hat.*

*Dein Heimatpfarrer freut sich schon auf den Tag der Primiz, an dem seinem ehemals kleinen Ministranten die Hände zum priesterlichen Dienst gesalbt werden. Die Augen deiner Eltern ruhen mit Wohlgefallen auf dir und deinem Streben zum hohen geistlichen Amt. Deine Geschwister sind stolz auf dich und deinen erhabenen Weg. Die Verwandten und die Nachbarn verfolgen mit Zuneigung dein hohes Streben. Ja die ganze Pfarrgemeinde sieht voll Erwartung auf den jungen Seminaristen, dessen Weg zum heiligen Amt sie mit innigem Beten begleitet. Du wirst sie doch nicht enttäuschen wollen.*

\*

*Das Religionsbuch warnt dich vor den Gefahren des – leider allzu häufig zügellosen – Liebeslebens:*
*„Die ‚freie Liebe‘, die von gewissenlosen Theoretikern manchmal verlangt wurde, wäre eine unglaubliche Mechanisierung und Vertierung der*

Menschheit. Der Mann wäre hemmungslos, verant-
wortungslos, die Frau entwürdigt und schutzlos, das
Kind sollte ohne Recht auf Mutterliebe und ohne
Kindesliebe dem Ungeheuer ‚Staat‘ ausgeliefert
werden, der es für seine Zwecke herrichtet. Es wäre
keine Liebe mehr, sondern nur entfesselte unter-
viehische Brunst, an der sich die Menschheit verzehrte."

Hier gibt dir das Religionsbuch einen wertvollen
Einblick in jene Lebensbereiche, die dir ein gnädi-
ges Schicksal ersparen wird. Du mußt nicht werden
wie das Vieh, das seinen Trieben hemmungslos folgt.
Und wenn du der Berufung zum priesterlichen
Leben gehorchst, wird dir sogar die Anfechtung
erspart bleiben, deine animalischen Triebe am wehr-
losen Weibe zu befriedigen. Engelsgleich und jungfräulich wirst du Leib und Seele für das Höchste
bewahren, das es gibt. Freu dich darauf!

*

In den Ferien erwarten dich mancherlei Versu-
chungen, denen du als angehender Priester mann-
und tugendhaft widerstehen wirst. Das Religionsbuch warnt dich:

„Ob Tanz eine Erholung ist? Vom alten Volks-
reigen im Freien unter der Dorflinde konnte man
es wohl sagen. Ob aber ein Tanz, der eine Nacht
hindurch währt, und das in einem staub- und rauch-
gefüllten Saal voll erhitzter Menschen, noch eine
Erholung ist, darf man wohl bezweifeln. Dazu

*kommt oft die sittliche Gefahr, die durch die Einfuhr sinnlicher Negertänze und anderer moderner Tänze noch gesteigert wird. Es ist nicht zu verwundern, daß diese Tänze aus religiösen und völkischen Gründen auf scharfen Widerspruch gestoßen sind."*

\*

*Es sind die Lüste dieser Welt, denen du entsagen wirst. Doch erstens sind sie deiner nicht wert, sie würden dich erniedrigen und dich dem Tiere gleich dem hemmungslosen Trieb ausliefern. Und zweitens wird dich Gott umso mehr lieben, je mehr du der Welt entsagst. Jeder Schmerz, den du dir zufügst, bringt dich Gott näher. Gott liebt die Leidenden. Und drittens wirst du auf diese Weise unserem Herrn Jesus ähnlich, der der Welt und ihren Lüsten entsagt hat, der seine Leiden auf sich nahm, um dich zu erlösen. Ihm sollst du nachfolgen!*

\*

*Für die Ferien gibt euch der Rektor gute Ratschläge mit auf den Weg. „Wenn du eine Frau siehst, schlag die Augen nieder! Und halte Distanz! Zwischen ihr und dir sollen wenigstens zwei Meter Abstand bleiben. Wenn du mit ihr sprechen mußt, schau ihr nicht in die Augen. Am besten, du blickst zu Boden!"*

\*

*Im Fasten nimmst du den Leib in Zucht. Jeder Schmerz, den du deinem Körper zufügst, bekräftigt die Herrschaft der Seele über den Leib. Dein Leib ist sterblich, deine Seele aber unsterblich. Deshalb züchtige das Sterbliche in dir, auf daß das Unsterbliche in dir erstarken kann. Gelobt sei der Schmerz. In ihm stirbt dein satanischer Anteil, damit Gott in dir wohnen kann.*

# Knabenspiele

Mit Seminaristen außerhalb der eigenen Klasse gab es wenig Gemeinsamkeiten. Nicht nur, daß Kontakte mit Schülern anderer Klassen ungern gesehen wurden, es gab auch wenig Gelegenheit dazu. Die meiste Zeit verbrachte man mit der eigenen Klasse – beim Schlafen im Schlafsaal, beim Waschen im Waschraum, beim Studieren im Studiersaal, in der Freizeit tagsüber im Tagraum, beim Sport auf dem Spielfeld, in der Schule im gleichen Klassenzimmer, unter Umständen in der Parallelklasse. So entstanden neben den Seminar- und Schulvorschriften auch noch ungeschriebene Gesetze, Spielregeln, Rang- und Hackordnungen.

Die Kriterien waren einfach und leicht zu durchschauen: Sportlichkeit, gutes Aussehen, Sympathie, Angepaßtheit. Schulischer Erfolg war weniger wichtig. Ein guter Mittelstürmer zu sein, konnte im Ansehen der Kameraden – im wörtlichen Sinn: spielend – einen Nachzipf ausgleichen. (So nannte man die herbstliche Nachprüfung, die bei einem Nichtgenügend im Schlußzeugnis das Aufsteigen in die nächste Klasse ermöglichen konnte.) Den – nicht nur sportlichen – Lieblingen der Klasse wurde viel nachgesehen. Ihre Meinung war geachtet. Über den wirklich Unbeliebten – meist war es nur einer – konnten sich Hohn und Spott ungehemmt ergießen. Die hilflosen Versuche des Präfekten, hier Einhalt zu gebieten und den Außenseiter zu schützen, bewirkten wenig. Da konnte es schon vorkommen, daß die Seminarleitung einen sozial zu Tode gehetzten Zögling zum Vorteil aller, auch zu seinem eigenen, entfernen mußte. Die Unbarmherzigkeit solcher Knabenspiele forderte ihren Tribut.

Beim Frühstück bekam jeder eine Semmel. Schwarzbrot und Aufstrich waren in beliebiger Menge vorhanden. Die einzige Frühstückssemmel aber war ein beliebtes Wettobjekt. Wetten jeglicher Art kosteten oder brachten soundsoviele zusätzliche Semmeln. Eine gute Wette gewonnen zu haben, konnte bedeuten, daß man über mehrere Wochen hin täglich über zwei Frühstückssemmeln verfügte. Für eine Woche zusätzlichen Bezugs des begehrten Gebäcks verzehrte etwa ein Schüler ein Stück Kreide und trank dazu ein Glas Tinte.

Gab es zum Mittagstisch Knödel, so konnte es schon ein Wettessen um die größte Zahl der verspeisten Knödel geben. Dazu eigneten sich besonders die beliebten Zwetschkenknödel wegen ihrer Kleinheit und der Zählfreudigkeit des Kernobstes. Die Küchenlegende überliefert die Höchstzahl von siebenunddreißig Zwetschkenkernen als Beweis seminaristischen Vernichtungspotentials. Die Wette, wieviel Gläser Wasser einer bei Tisch zu trinken vermöchte, führte dazu, daß ein beim abschließenden Tischgebet aufkommendes Lachen das eben erst in Unmengen verschluckte Wasser gegen den Willen des Wettsiegers wieder nach oben brachte, wo es seinen Weg durch den bereitgehal-

tenen Rockärmel fand, um schließlich leise plät-
schernd zu Boden zu fließen – allen Vertuschungs-
versuchen zum Trotz und zur heimlichen Freude
des Wettverlierers.

Überhaupt wurde selten soviel gelacht wie beim
Gebet, insbesondere beim Tischgebet. Nicht weil
man weniger fromm gewesen wäre. Eher im Ge-
genteil. Aber die verbotene Situation reizte. Noch
mehr die spöttischen Blicke der Nachbarn. Am
meisten jedoch die bösen Blicke der Vorsteher.
(Wäre das Lachen beim Beten erlaubt oder gar
geboten gewesen, es wäre bald verstummt.)

In der Mittelstufe, in der Quarta und Quinta,
begann ein Spiel, bei dem man einen Klassenkameraden auf einen Tisch legte und mit vereinten
Kräften und Fingern zu allgemeiner – außer des
Betroffenen – Belustigung kitzelte. Das Gekreisch
des Opfers mischte sich mit dem lautstarken Lustgewinn der Akteure, bis einmal ein unerwartet
eintretender Präfekt dem Spiel in auffallender
Schärfe Einhalt gebot. Betroffen, in unverstande-
ner Scham, standen die Seminaristen herum. Er-
tappt – ohne recht sagen zu können, wobei. Das
Spiel wurde nicht mehr gespielt.

Wenn es in dieser Altersstufe zu Theaterauf-
führungen kam und die Kameraden mit Schminke
und Lippenstift ihr Bühnengesicht erhielten, wurde plötzlich eine Anziehungskraft spürbar, deren
man sich sonst kaum bewußt wurde. Die roten
Backen, die geschminkten Augen, die hervorge-
hobenen Lippen brachten etwas Weibliches in die

Knabenwelt und stifteten Unruhe. Präfekt und Spiritual warnten vor Partikularfreundschaften, versuchten allzu enge Bindungen zu behindern, konnten aber engere Freundschaften, Mißgunst und Eifersucht nicht unterbinden. Innerhalb der Klassen kamen Paarbildungen auf, Kleingruppen schlossen sich enger zusammen, Eindringlinge wurden abgewehrt. Man wußte nicht, was daran schlecht sein sollte, daß gemeinsame Interessen und Zuneigung gepflegt wurden. Doch die Warnungen der Vorgesetzten blieben in Erinnerung. Das Wort „Pubertät" kam im Sprachschatz nicht vor.

An einem Morgen waren unerwartet im Schlafsaal der vierten Klasse vier Betten leer. Auch die Wäschekästen waren geräumt. Die Plätze der vier Seminaristen in der Kapelle blieben während der Messe unbesetzt und beim Frühstück war keiner von ihnen zu sehen. Als man auch beim Frühstudium ihre Tische im Studiersaal leer und ausgeräumt vorfand, wußte man, daß etwas Bedeutsames vorgefallen sein mußte. Der Präfekt gab keine Auskunft, in der Schule wußte man – oder sagte man – nichts. Der Spiritual schwieg. Auch nach Tagen, Wochen und Monaten war auf mehrmaliges Nachfragen keine Antwort zu bekommen. Die vier Schulkameraden sind nie wieder aufgetaucht.

Erst Jahre später, nach der Matura und außerhalb des Seminars sickerten Fragmente des Vorgefallenen durch. Einer der vier Verschwundenen wurde von einem Pfarrer eines Weinhauerdorfes betreut und finanziell gefördert. Der Seminarist selbst kam aus einem anderen Bundesland. Sein Vater war in den Wirren um das Kriegsende ums Leben gekommen. Was auch immer zwischen dem Pfarrer und seinem Schützling aus dem Knabenseminar vorgefallen sein mag, was auch immer sich zwischen diesem einen Seminaristen und seinen drei Freunden abgespielt haben mag – die eine Tatsache tauchte aus dem Dunkel des Verschweigens und Verheimlichens auf: Der Pfarrer hat sich mit E 605, einem Pflanzenschutzmittel aus dem Weinbau, vergiftet.

Vor dem Gift dieser Wahrheit waren vierzehnjährige Seminaristen zu schützen. Vier Knaben wurden bei Nacht und ohne alle Spuren entfernt, beseitigt. Eine schmerzhafte Operation. Für alle.

Das Geheimnis, die Gerüchte und Vermutungen sonderten ihrerseits noch lange ihr schleichendes Gift ab. Die Wahrheit wurde den Seminaristen nie zugemutet.

\*

*Lied zur abendlichen Segensandacht:*
*„Jesus, Jesus, komm zu mir,*
*o wie sehn ich mich nach Dir!"*
*Die diskrete Erotik des Textes erfreut den Pubertierenden.*
*„Meiner Seele bester Freund,*
*wann werd' ich mit Dir vereint?"*

*Wie gut, den bösen Lüsten dieser Welt entrückt
und in inniger Liebe dem göttlichen Heiland zugetan zu sein.*

*„Keine Lust ist in der Welt,
die mein Herz zufrieden stellt.
Deine Lieb', o Herr, allein
kann in Wahrheit mich erfreun."*

*Der künftige Priester entsagt gern den Verführungen der schnöden Welt und hört nicht hin, wenn
die bösen Buben singen:*

*„Tausendmal begehr' ich Dein,
leben ohne Dich ist Pein.
Tausendmal seufz' ich zu Dir:
Liebste Mitzi, komm zu mir!"*

\*

*Aus dem Religionsbüchlein:*

*„Gott hat die Sündflut wegen der Unkeuschheit
der Menschen geschickt. Hüte dich vor dieser Sünde ganz besonders! Achte auf deine Gedanken und
deine Blicke und fliehe böse Gesellschaft!"*

*Gott hat dir die Gnade geschenkt, dein junges
Leben nur unter gottesfürchtigen Männern und
Knaben zubringen zu dürfen. Du mußt also keine
sündhaften Frauen und keine gottlose Gesellschaft
fliehen, um die nächste Gelegenheit zur Sünde zu
meiden. Gottlob sind die schlimmsten Sünden,
deren du in deiner gottwohlgefälligen Umgebung
fähig bist, das unaufmerksame Gebet und die Nachlässigkeit im Studium. Von schlimmeren Versuchun-*

*gen hält dich das Knabenseminar fern. Sollte dennoch unvorhergesehenerweise eine bösere Versuchung an dich herantreten, kannst du den Rat des Religionsbüchleins befolgen:*

*„Kommt dir eine Lust zu etwas Umschamhaften, so rufe innig zur heiligen Muttergottes: Heilige Maria, hilf mir!"*

\*

*Die Heiligenbiographien zeigen dir, wie sich die großen Gestalten der Christenheit das Weib mit spitzen Fingern vom Leib – und sicher auch von der Seele – gehalten haben. Man denke nur an die Versuchung des heiligen Antonius oder an den heiligen Augustinus, der sich nach einem lasterhaften Leben der Ausschweifung bekehrt und den wahren geistlichen Werten zugewandt hat. Zum Glück gibt es wenigstens ein paar Frauen im Heiligenkalender, die ihr früher lasterhaftes Leben auf vorbildliche Weise gebüßt und gesühnt haben, wie die heilige Maria Magdalena, oder solche, die um ihrer Tugend willen den Tod erlitten, wie die heilige Maria Goretti. Lieber tot – als auch nur eine einzige schwere Sünde! Diese wahrhaft christliche Einstellung kannst du mit auf deinen priesterlichen Lebensweg nehmen. Die gottgewollte Keuschheit allein kann dem Wirken des Satans wirksam Widerstand leisten.*

\*

*Küchenmädchen – umgangssprachlich: Kuchl-*
*mentsch – gesichtslose Wesen ohne Identität. Namen*
*unbekannt. Die geistlichen Vorsteher und Schwe-*
*stern kennt man alle – namentlich und von Ange-*
*sicht zu Angesicht. (Bei den Nonnen nur dieses.)*
*Das namen- und gesichtslose Küchen- und Dienst-*
*personal bekommt man höchstens bei den seltenen*
*Ministrantendiensten in der Schwesternkapelle in*
*unverkürzter Lebensgröße zu Gesicht. Die niedri-*
*ge Durchreiche zur Küche – von der man die Spei-*
*sen zu holen pflegt – gibt vom Küchenpersonal*
*bloß einen schmalen Streifen in der Leibesmitte zur*
*Ansicht frei. Damen mit bescheidenem Mittelleib.*
*Oberkörper, Gesicht und Beine bleiben neugieri-*
*gen Knabenphantasien vorbehalten. Die Seminar-*
*fama weiß von einem in grauen Vorzeiten in ein*
*Küchenmädchen verliebten Seminaristen zu berich-*
*ten. Kommentar des Rektors: „… in a bledes Kuchl-*
*mentsch! Kann man sich was Dümmeres vorstel-*
*len?“*

# Ave maris stella

Die im Seminarleben abwesenden oder nur verschleiert auftretenden Frauen wurden durch eine überlebensgroße Mutter reichlich ersetzt. Die unsichtbare Mutter war auf eine verborgene Weise weit wirksamer, als es zahlreiche lebensecht anwesende Frauen hätten sein können. Ja, in gewisser Weise ersetzte die große und übermächtige Mutter alle nur möglichen Erscheinungsformen real lebender Frauen: die Mütter und Schwestern, Kameradinnen, Freundinnen und Geliebten. In vergeistigter Weise sollte sie dem Knabenseminaristen und zukünftigen Priester die einzige und alle anderen vertretende Frau werden: die Mutter und Geliebte aller Christen – und in besonderer Weise: aller Priester.

Neben der einzigen und wahren – der himmlischen – Mutter sollte ein guter Priester nur zwei irdische Mütter dulden: seine leibliche Mutter und seine institutionelle Mutter – die Kirche. Beide Mütter wachten darüber, daß keine Frau dem Priester zu nahe kommen möge. Und das im Bunde mit der dritten, höchsten und himmlischen Mutter. Sie war nicht nur Mutter, sondern auch Königin. Wenn schon nicht Muttergöttin, wie in früheren Religionen, so doch wenigstens Gottesmutter: Nur um weniges unter die Gottheit gestellt, war sie die Mittlerin zu Gott.

Man hatte sich Maria in ähnlicher Weise vorzustellen, wie in vielen Familien die milde Mutter dem strengen Vater gegenüberstand: Der Vater repräsentierte die Gerechtigkeit, die Mutter die Liebe. Daraus ergaben sich auch die himmlischen Tricks, mit denen man den strengen Gott durch seine milde Mutter umzustimmen versuchte. „Bitt' Gott für uns Maria!" drückte die Hoffnung auf marianische Milderung der göttlichen Strenge aus. Gott, dem man sich ja nach den Anweisungen der Kirchenlieder nur kniend oder im Staube liegend nähern dürfte – wie immer man sich das vorzustellen hätte – gab einem die Chance, durch eine vermittelnde göttlich-weibliche Zwischeninstanz der niederschmetternden göttlich-männlichen Majestät auszuweichen.

Maria als Mittlerin, als Mittlerin der Gnaden: In theologischen Kreisen gab es die Hoffnung auf ein baldiges neues Dogma, in dem Maria als die Mittlerin aller Gnaden definiert würde. Damit wäre ein-für allemal eindeutig und unwiderruflich festgestellt, daß sämtliche göttliche Gnadenerweise ausschließlich über Maria zu den Menschen zu fließen hatten. So wäre den protestantischen Ketzern endlich bewiesen, daß es nicht angehen kann, ohne die Vermittlung Mariens an Gottes Gnadenschätze heranzukommen. Ein solches Dogma wäre ein Triumph für den Katholizismus.

In der göttlichen Hierarchie hatte sich auf diese Weise die gute katholische Familie widerzuspiegeln: An der Spitze der Vater – unten die Kinder – dazwischen die vermittelnde Mutter. Der Vater repräsentierte die Gerechtigkeit und die Strenge. Die Mutter stand für Liebe und Milde. Den Kindern war Unterwürfigkeit und Gehorsam zugewiesen. Alles hatte seine Ordnung – seine gottgewollte Ordnung.

Um das geistliche Mutterbild rankten sich poetische und musische Ornamente. In zahlreichen Gebeten und Liedern wurde Maria verehrt, in bildhaften Vergleichen gepriesen: als stella maris, porta coeli und regina angelorum – als Stern der Meere, Pforte des Himmels und Königin der Engel. Marianische Gebete wurden dem Priesterstudenten besonders ans Herz gelegt: Das Ave Maria natürlich, der Engel des Herrn, die Lauretanische Litanei, das Memorare – und vor allem der tägliche Rosenkranz. Wer sein Leben Maria weihte, wußte es in besten Händen. Das Lied „Maria, Priesterkönigin" war geradezu die Hymne des marianischen Priesters. Wer Maria zur Mutter hat, wird auch nach dem Tod der leiblichen Mutter nicht verlassen sein. Wer Maria zur Geliebten erwählt, wird für jeden Verzicht himmlisch und königlich entlohnt.

Die Empfehlung, täglich den Rosenkranz zu beten, wurde durch die Möglichkeit verstärkt, Mitglied der „Legion Mariens" zu werden, einer erst kürzlich aufgekommenen Vereinigung friedlicher marienfrommer Christen mit geradezu kriegerischem Vokabular: Die Legionäre versammelten sich in Präsidien um eine Standarte, um sich für den Kampf unter dem Banner Mariens zu rüsten. Ein echter Legionär bewährte seine Streitbarkeit draußen in der Welt im Apostolat. Als „Hilfslegionär" konnte man allerdings sogar im Knabenseminar den draußen kämpfenden Legionären durch das tägliche Rosenkranzgebet beistehen. Viele Knabenseminaristen – vor allem der obersten Klassen – waren Hilfslegionäre und deshalb wenigstens auf geistliche Art Soldaten Mariens.

Die Marienbilder und die üppige Marienverehrung brachten in die ansonsten hart-nüchterne Knaben- und Männerwelt ein warmes und sinnliches Element. Die abwesende Mutter, die entfernte Familie, die entbehrte Wärme und die verlorene Zärtlichkeit der früheren Kinderjahre fanden in Maria die ideale Projektionsfläche kindlicher und jugendlicher Sehnsucht. Im Laufe der Seminarjahre wandelte sich das Bild der geistlichen Mutter: es wurde immer jünger. Aus der Mutter wurde langsam und unmerklich die jugendliche Geliebte, das Ziel der noch kaum bewußten, doch umso heftiger empfundenen Begehrlichkeit. Die Andachtsbilder, die man im Gebetbuch aufbewahrte und mit der Zeit zu sammeln begonnen hatte, strahlten bisweilen jene jungmädchenhafte Erotik aus, die man im Knabenseminar ansonsten aus guten Gründen vermißte.

Die wenigen Frauen im Seminar stellten in ihrer unauffälligen Dienstbarkeit jene Rollen dar, die auch im späteren Priesterleben Frauen zugeteilt werden sollten: in der Küche, in der Wäscherei, in der Krankenpflege. Die stille Autorität des Dienens wurde vor allem durch die geistlichen Schwestern repräsentiert. Und der Rest mütterlicher Fürsorge war an der Schwester der ersten beiden Klassen zu erkennen: Billigte man den Neueintretenden noch eine Nonne als strenge Ersatzmutter zu, so war man zugleich stolz darauf, ab der dritten Klasse ohne weibliche Betreuung auszukommen: die vorklerikale Männerwelt hatte ihre Herrschaft angetreten. Von da an gab es Frauen nur noch entfernt dienend oder spirituell verklärt.

Der himmlischen Mutter konnte man alle Sehnsucht und Liebesfähigkeit zuwenden, deren man in dieser männerbündischen Welt fähig war. So im Marienlied: „Maria zu lieben, ist allzeit mein Sinn." In den Worten höchster und allumfassender Liebe sang man ihr jenes Versprechen, das man einer anderen Frau niemals zu geben gewillt war: „Dich lieb' ich auf ewig, dich lieb' ich allzeit, so bin ich mit Freuden zu sterben bereit!"

*

*„Maria, Priesterkönigin,*
*aller Gnaden Mittlerin,*
*hör unser Flehn!*
*Schatten umstehn die Welt,*
*Priester als Licht bestellt,*
*helle den Pfad!*
*Mutter der Priester, mehr ihre Gnad'!"*
*Hier wird dir deine Sendung bewußt: Willst du die Welt in Finsternis und Todesschatten darben lassen und dein Licht unter den Scheffel stellen?*

*„Dürr ist das Land bestellt,*
*Priester das Salz der Welt,*
*reife die Saat!"*
*Kannst du den Dienst für den Herrn der Ernte*
*verweigern und dich faul auf eine bequeme bürger-*
*liche Existenz zurückziehen?*
*„Seelen ohn' Heimatland,*
*segne die Priesterhand,*
*segne den Pfad!"*

*

*Wenn schon die anderen – die gewöhnlichen*
*Christen – mit Frauen verkehren, Kinder zeugen*
*und auf diese Weise die Erbsünde in eine schlimme*
*Zukunft fortpflanzen: Dem Priester ersetzt die eine*
*Frau alle anderen Frauen. An ihr, der von der*
*Erbschuld Unbefleckten, wird auch er sich nicht*
*beflecken. Wenn auch nicht ganz so rein wie die*
*Immakulata, so wird er doch wenigstens keusch*
*und jungfräulich der weiblichen Versuchung des*
*Satans widerstehen.*

*

*Wir Hilfslegionäre vergessen nie, unserem täg-*
*lichen Rosenkranz die Pflichtgebete eines jeden Sol-*
*daten Mariens beizufügen, in denen wir um einen*
*streitbaren Glauben bitten, „einen felsenfesten,*
*unerschütterlichen Glauben, in dem wir ruhig und*
*standhaft verharren inmitten von Kreuz und Müh-*
*sal und all den Enttäuschungen, die das Leben*

*bringt; einen kühnen Glauben, der uns treibt, ohne
Zaudern Großes zu wagen und zu vollbringen für
Gott und die Rettung der Seelen; einen Glauben,
der gleich einer Feuersäule unsere Legion einig und
geschlossen vorwärtsführt, überall den Brand der
Gottesliebe zu entzünden."*

*Im Kampf gegen alles Böse – in welcher Gestalt
auch immer – leuchtet uns die heilige Jungfrau
voran: „Wer ist es, die da aufsteigt wie die Morgen-
röte, schön wie der Mond, leuchtend wie die
Sonne, furchtbar wie ein Heer in Schlachtbe-
reitschaft?"*

\*

*Wichtig ist es, der realen Weiblichkeit zu wider-
stehen. In ihr verbirgt sich die List des Satans, dich
deiner Berufung untreu werden zu lassen. Deshalb
mußt du deinen Leib in Zucht nehmen, ihn abhär-
ten und gegen die Versuchung stählen. Wenn du
dich den irdischen Genüssen entziehst, wirst du
reichlich mit himmlischen Freuden belohnt werden.
Das real Weibliche droht dich zwar in Sünde und
Schmutz herabzuziehen. Das himmlisch Weibliche
der Mutter Gottes wird dich jedoch hinaufziehen
in die ewige Glückseligkeit.*

\*

*Maria ist deine Königin. Sie ist deine Mutter. Und
sie ist deine Geliebte. In diesem monarchischen*

*Inzest wirst du geadelt und Priester sein auf ewig.
Sacerdos in aeternum.*

\*

*Nur in den Ferien gibt es jene verführerische
Mädchenwelt, die dir wenigstens einmal im Jahr
drastisch vor Augen führt, worauf du vorhast, ein
für allemal zu verzichten. Und haben auch die zwei
unbeschwerten Sommermonate ein wenig Nähe und
Vertrautheit aufkommen lassen, so wirst du dir doch
mit der Rückkehr ins Seminar mit asketischer Härte
die aufkeimende Blüte aus dem Herzen reißen.
Denn neben Maria kann keine noch so bescheide-
ne Blume bestehen:*

> *„Es blüht der Blumen eine auf ewig grüner Au;
> wie diese blühet keine so weit der Himmel blau.
> Wenn ein Betrübter weinet,
> getröstet ist sein Schmerz,
> wenn ihm die Blume scheinet
> ins leidenvolle Herz."*

*So erweist sich die Trösterin der Betrübten auch
am herbstlichen Liebeskummer des aus der bedroh-
lichen Welt in die Geborgenheit des Internates heim-
kehrenden Knabenseminaristen.*

# Abschied und Wiederkehr

In den beiden letzten Klassen lockerte sich manche zuvor allzu enge Regel. Das Amt des Präfekten übernahm der Rektor des Hauses. Anstelle der riesigen Schlafsäle gab es nun Vierbettzimmer. Die ohnehin kleineren Studiersäle – die Zahl der Seminaristen hatte seit der ersten Klasse um die Hälfte oder mehr abgenommen – waren zu gemütlichen Stuben geworden, in denen man auch gemeinsam lernen, also beim Studium miteinander reden durfte. In der Achtung der Seminargemeinschaft hatte man sich unmerklich zur Spitze vorgeschoben. In den verschiedenen Ämtern hatte man sich bewähren können. Ein Septimaner, ein Oktavaner gar, war den Schülern der unteren Klassen in jedem Fall bekannt. Nicht aber umgekehrt.

Die Reifeprüfungen zuletzt rückten den Maturanten ins Zentrum der Schul- und Seminaröffentlichkeit. Man nahm Anteil an den schriftlichen Prüfungen und kolportierte deren Ergebnisse. Wer es wissen wollte, konnte erfahren, welcher Maturant in welchen Fächern schlecht oder gut war, wem wegen einer verpatzten Klausurarbeit eine mündliche Zusatzprüfung drohte, wem Auszeichnung oder Durchfall winkte. An den Tagen der mündlichen Prüfungen wurde in der Seminarkapelle für die Kandidaten gebetet, wurden laufend neue Nachrichten erfragt, wurde auf die weiße

Fahne gehofft, mit der angezeigt zu werden pflegte, daß sämtliche Maturanten für reif erklärt worden sind.

Zu den Höhepunkten im Seminarleben gehörte der Empfang, der den Maturanten nach bestandener Prüfung in der Aula des Seminars bereitet wurde. Es war Tradition, daß die Schüler der Septima, also die Maturanten des nächsten Jahres, ihren Vorgängern Reden in allen nur irgendwie beherrschbaren Sprachen hielten. Wenigstens in den Schulsprachen Deutsch, Englisch, Latein und Griechisch – doch zusätzlich auch in anderen verfügbaren Sprachen. In diesem Ritual zur Ehrung der Älteren nahmen die nächsten Abiturienten – wie so oft in diesem Haus – den eigenen Weg und die eigene Zukunft vorweg. Man wußte, während man die Rede hielt, daß man selbst in einem Jahr im schwarzen Anzug, mit silberner Krawatte und angesteckter Blume dastehen, nur teilweise verständliche Reden anhören und sich reif fühlen würde.

Reif wofür? Fürs Leben, für die Freiheit, fürs Studium? Für welches Studium? Es war bekannt, daß sich selten alle Absolventen des Knabenseminars entscheiden würden, ins Priesterseminar einzutreten und das Theologiestudium zu beginnen. Zugleich mit der Überwindung der ersten größeren Hürde stand man vor genau jener Entscheidung, auf die acht Jahre lang so gut wie alle hingearbeitet hatten: Wollte man wirklich Priester werden? In manchem Seminaristen hatte das achtjährige spirituelle und disziplinäre Trommelfeuer genau das verhindert, was es erreichen wollte. Bei anderen führte das Knabenseminar in innerer und ungebrochener Logik ins Priesterseminar. Selten auch der paradoxe Wunsch: Ich werde trotzdem Priester.

In den acht Seminarjahren war das Idealbild eines Priesters entstanden, das die einen so sehr anzog, daß sie den nächsten Schritt wagten. Die anderen spürten die geradezu unerreichbare Höhe des Ideals und zögerten, waren ernüchtert und kehrten um. Es gab ein in Seminaristenkreisen geradezu berühmtes Gedicht – angeblich nach einer mittelalterlichen Handschrift –, in dem sich die Ideale in ihrer Ambivalenz von Anziehung und Abschreckung bündelten: „Ein Priester muß sein – ganz groß und ganz klein." In Zierschrift geschrieben, bisweilen sogar gerahmt, lag dieser Text im Reisegepäck. Mit ungewisser Zukunft: entweder ins Studierzimmer des Priesterseminars gehängt, oder auf dem Dachboden zum abgelegten Zeug gymnasialer Vergangenheit gelegt zu werden.

Den Reifeprüfungen folgten üppige Feiern mit bedächtigen Ausschweifungen im Alkoholgenuß und gehemmter Ausgelassenheit in nächtlichen Kumpeleien. Eine Statue auf einem kleineren Platz der Stadt wollte noch nach Studentenbrauch in nächtlich-süffiger Aktion behängt werden. Ein traditioneller Aufstieg auf jenes Türmchen, das die Hauptfront des Seminargebäudes krönte, mit ei-

nem abschiedsschweren Überblick über die leicht
wellige Landschaft, das kleine Städtchen und die
großzügigen Anlagen, den Garten, die Sportplät-
ze und Gebäude des Knabenseminars, das man
vor acht Jahren als Knabe betreten hatte und nun
als junger Mann verließ, ein letztes kehlig gesungenes „Gaudeamus igitur" – so schickte man sich
an, in eine neue Lebensphase zu treten.

Der Abschied gelang nicht sofort und schroff.
Für eine Woche fuhr man noch auf eine Matura-
reise, gemeinsam mit dem Rektor, ans Ufer eines
Sees, in eine Hütte ohne Strom und in karger
Gemütlichkeit, mit Gelegenheit zum Baden und
Bootfahren. Zwischendurch rekapitulierte man
immer wieder die Vorfälle rund um die Matura,
verkleinerte die vormalige Angst und vergrößerte
die Pfiffigkeit beim Geprüftwerden, Taktieren und
Schwindeln, erzählte aber auch Schnurren und
Schwänke aus den vergangenen Jahren und ver-
sicherte sich gegenseitig, wie schnell man das
alles und vor allem die wenig geliebte Mathe-
matik vergessen wolle. Was auch auffallend gut
gelang.

So zögerte man den Abschied hinaus, besuchte
doch nochmals das Seminar und die jüngeren
Zurückgebliebenen, deren Schuljahr noch ein paar
Wochen dauern sollte, was man mit einer Mischung
aus Bosheit und gelassener Überlegenheit kom-
mentierte. Die eigenen üppigen Ferien – vier
Monate bis zum Beginn des Herbstsemesters an
der Universität – hatten ja erst begonnen. Die wohl

längsten Ferien eines ganzen Lebens. Zeit genug, über das Weitere nachzudenken.

Und langsam – kaum bemerkt – begann die Verklärung der Vergangenheit. Was einen noch vor Monaten bedrückt hatte, schien rückblickend leicht. So sehr man sich vor der Matura gefürchtet und entsprechend stramm gelernt hatte, so leicht erschien alles nachträglich – geradezu selbstverständlich. Und man begann, sich dessen zu rühmen, wie wenig man studiert habe, wie lässig alles gewesen sei, und so...

Die seelischen Kämpfe und Krämpfe, die Konflikte und Mißerfolge begannen zu schrumpfen – und bald lagen die acht Seminarjahre wie eine ferne und mit der Entfernung verkleinerte Landschaft harmlos und schon fast lieblich anzuschauen hinter dem kräftig ausschreitenden Wanderer. Der Blick zurück hatte den Zorn verloren. Die Heilung hatte begonnen.

Wenig mehr als ein halbes Jahr nach jenem denkwürdigen Empfang, den die Seminaristen den eben für reif Erklärten in der Aula des Hauses bereitet hatten, kamen nun die Abiturienten auf Besuch: diesmal als Theologen (wie man die Studenten zu nennen pflegte), die Alumnen des ersten Jahrganges aus dem Priesterseminar. Ihre Zahl war seit damals etwas geschrumpft. Nicht alle konnten sich für die Theologie entscheiden. Die Farbe Schwarz war gleichgeblieben. Doch diesmal kam sie nicht mehr vom Anzug, sondern vom neu verliehenen Talar. Die Würde des angehenden Priesters hatte auch äußerlich von ihnen Besitz ergriffen. Die Individualität der bisher verschiedenen Kleidung war abgefallen. Man war nunmehr weniger in seiner unverwechselbaren Einmaligkeit erkennbar, sondern – wie in einer Uniform – in der Zugehörigkeit zu einer Berufsgruppe. Man war Kleriker geworden.

Die achtzehnjährigen Priesterseminaristen in ihrem klerikalen Auftreten wurden im Speisesaal mit langanhaltendem Applaus begrüßt. Und in den begeisterten Augen der Knabenseminaristen war ein wenig von jener Ehrfurcht wiederzuerkennen, die man selbst noch vor kurzem jenen entgegenbrachte, die bereits ein paar Schritte voraus waren. Die einen sahen in den anderen ihre Vergangenheit wieder – die anderen in den einen ihre Zukunft voraus. Der Schritt vom Knaben- ins Priesterseminar war getan. Aus dem Abschluß war ein Neubeginn geworden, aus dem Abschied eine neue Ankunft.

Einer dieser verabschiedeten Neuankömmlinge hielt nun im Priesterseminar seine erste Probepredigt. Vor der kichernden Hörerschar seiner Mitstudenten und dem kritischen Ohr des Seminarregens, von einer richtigen Kanzel herab in der barocken Seminarkirche. Nach beendeter Predigt kam die Kritik von Kollegenschaft und Regens. Und als besonders gewichtigen Kritikpunkt nannte der Regens: In der Predigt sagt man nicht „ich", sondern „man". Denn der Priester spricht nicht aus sich heraus, sondern kraft seines Amtes. Nicht er lehrt, sondern die Kirche lehrt.

134

Da war er nun acht Jahre lang im Knabenseminar gewesen und hat das Wichtigste noch immer nicht begriffen. Da steht er nun tatsächlich auf der Kanzel und sagt „Ich". Wird er das in fünf Jahren als Priester immer noch tun? Wird er irgendwann einmal gelernt haben, sein Ich zu verleugnen?

*

*Seminar – das ist eine Pflanzstätte. Semen – der Samen – das seid ihr, das ist eure Berufung. Im Knabenseminar wird der Samen der priesterlichen Berufung in eurem Herzen gepflegt, begossen, herangezogen. Natürlich muß man eine junge Pflanze auch manchmal beschneiden, sie vielleicht an einen Stock binden. Man muß sie aber auch vor bösen und gefährlichen Einflüssen schützen. Man muß wissen, wann eine Pflanze einen größeren Topf braucht, wann man sie besser ins Glashaus stellt, wieviel Wasser, Dünger und Sonne sie benötigt, wann man sie im Freien stehen lassen kann und wann nicht. Draußen ist die gefährliche Welt. Hier herinnen seid ihr geschützt.*

*Vom Glashaus des Knabenseminars kommt ihr in die Baumschule des Priesterseminars, um später einmal – nach der Priesterweihe – wie Alleebäume links und rechts des Weges zu stehen, der zu Gott führt. Ihr werdet die Wegweiser und Wegbegleiter für viele Menschen sein: standhaft und unverrückbar. Damit ihr diese Aufgabe erfüllen könnt, wer-*

*det ihr hier gepflanzt, gezüchtet und gezüchtigt. Das mag manchmal schmerzhaft sein. Doch das Seminar meint es gut mit euch.*

\*

*Du siehst dich, wie du einmal sein wirst: In würdigem Talar, am Altar, im Beichtstuhl. Du hörst, wie die Gläubigen dich mit „Hochwürden" anreden: Herr Kaplan, Herr Pfarrer, Herr Dechant gar. Du spürst den ehrfürchtigen Händedruck, versuchst demütig den Handkuß abzuwehren, den ältere Gläubige meinen, dem Priester schuldig zu sein. Du schmeckst die Hostie, die große, die du, ohne sie zu zerbrechen, kaum in den Mund bekämest, du schmeckst den Wein, der dir als einzigem zusteht. Und du riechst den Weihrauch, den Duft aufsteigender Gebete, die sinnliche Vorahnung künftiger Glückseligkeit. Amen.*

\*

*„Ein Priester muß sein
ganz groß und ganz klein,
vornehmen Sinns wie aus Königsgeschlecht,
einfach und schlicht wie ein Bauernknecht,
ein Held, der sich selbst bezwungen,
ein Mensch, der mit Gott gerungen,
ein Quell von heiligem Leben,
ein Sünder, dem Gott vergeben,
ein Herr dem eigenen Verlangen,*

*ein Diener der Schwachen und Bangen,*
*vor keinem Großen sich beugend,*
*zu dem Geringsten sich neigend,*
*ein Schüler von seinem Meister,*
*ein Führer im Kampf der Geister,*
*ein Bettler mit flehenden Händen,*
*ein Herold mit goldenen Spenden,*
*ein Mann auf den Kampfesstätten,*
*ein Weib an den Krankenbetten,*
*ein Greis im Schauen,*
*ein Kind im Trauen,*
*nach Höchstem trachtend,*
*das Kleinste achtend,*
*bestimmt zur Freude,*
*vertraut dem Leide,*
*weitab vom Neide,*
*im Denken klar,*
*im Reden wahr,*
*des Friedens Freund,*
*der Trägheit Feind,*
*feststehend in sich,*
*ganz anders als ich."*

\*

*Der Preis der Erhöhung ist die Erniedrigung.*
*Der Preis höherer Weihen und geistlicher Würden*
*ist die Selbstverleugnung. „Wer nicht sein Kreuz*
*auf sich nimmt und mir nachfolgt, ist meiner nicht*
*wert." Du wirst es lernen, Vater und Mutter, Bru-*
*der und Schwester hinter dir zu lassen, du wirst es*

*lernen, dich nicht umzudrehen, wenn der Ruf Gottes an dich ergeht, du wirst es lernen, dein Fleisch zu kreuzigen, deine sündhaften Begierden zu erstikken, deinen Stolz zu brechen. Auf allen vieren wirst du zum Kreuz kriechen, wirst du dich demütigen, wirst du den Schmerz lieben lernen. Der Preis der Krone ist das Kreuz.*

*

Aus dem Religionsbuch:

„Die Berufung zum Priestertum ist eine der größten Gnaden in diesem Leben. Wer den Ruf Gottes einmal vernommen, wird seine Auserwählung durch Gebet, Sakramentenempfang und ein reines Leben sicherstellen. Niemand darf ohne schwere Verantwortung vor Gott einen jungen Menschen auf seinem Weg zum Heiligtum hindern, vielmehr wünscht die Kirche, daß oft um Priesterberufe gebetet werde."

*Wenn Gott dich gerufen hat, kannst du nicht anders, als ihm zu folgen – wenn du nicht an deiner Berufung schuldig werden willst. Gott hat dich in die Pflicht genommen. Er hat dich erwählt. Was immer dich davon abbringen will, steht im Widerspruch zu seinem Willen. Was immer dich verführen will, deiner Berufung untreu zu werden: Es ist der Satan.*

*

*Eine Frau geht vorüber. Ein Duft nach Seife und süßer Wärme bleibt hängen. Du siehst sie wieder, und ihr Duft vermischt sich mit Gefühlen der Anziehung, dem Wunsch nach Nähe. Ihr Duft wird dir vertrauter als sie selbst es werden kann. Du verlierst sie aus den Augen – aber nicht ihren Duft aus der Erinnerung. Später – wie zufällig – wirst du eine Seife benützen, deren Duft dir zwar nicht ihr Gesicht, aber eine Wolke von Gefühlen zurückbringt. Da kannst du der Versuchung nicht widerstehen: Du kaufst die Seife, um dich an ihrem Duft zu berauschen. Dieser bleibt – aber die Gefühle verfliegen. Der Zauber ist gebrochen. Und die Seife wirfst du weg.*

# Zur Geschichte dieses Buches

Das Manuskript dieses Buches – entstanden in den Jahren 1992 bis 1995, also nach der Schließung des Knabenseminars in H. – war in einem katholischen österreichischen Verlag zur Veröffentlichung im Herbst 1995 vorgesehen. Der Text lag bereits im Lektorat, als die Kirche Österreichs im März vom größten Skandal seit 1945 erschüttert wurde: Der Kardinal und Erzbischof – vormals Religionsprofessor am Knabenseminar in H. – wurde öffentlich des sexuellen Mißbrauchs eines Zöglings dortselbst zwanzig Jahre zuvor beschuldigt. Die Sache war juristisch bereits verjährt, führte aber als moralische Anschuldigung zum Rücktritt des Kardinals und des weiteren zu einem „Kirchenvolks-Begehren" für eine Reform der katholischen Kirche. Die dadurch entstandene Erneuerungsbewegung breitete sich über weite Teile der Kirche aus und wird wohl als eine der vielen Reformbewegungen in die Kirchengeschichte eingehen.

Nach Ausbruch des Kirchenkonflikts einigten sich der Verlagsleiter und der Autor auf kurzem Wege, das Buch zu diesem Zeitpunkt nicht zu veröffentlichen. Es wäre nur als Skandalbuch mißverstanden worden, und viele Leser hätten vorrangig nach Stellen gesucht, die den Beschuldigten be- oder entlasten würden. Das wäre schon deshalb unsinnig gewesen, weil sich die Erinnerungen des Autors auf eine vierzig Jahre alte Erfahrung beziehen – zwanzig Jahre vor den inkriminierten Vorfällen. Der Autor hat das zurückgezogene Manuskript inzwischen nochmals bearbeitet und erweitert – jedoch ohne jene Stellen zu verändern, die den damaligen Religionsprofessor und späteren Kardinal betreffen. (Zur Causa des Kardinals und zur darauf folgenden Reformbewegung hat er noch im selben Jahr ein aktuelles Sachbuch veröffentlich: „Das Schweigen des Kardinals", Thaur 1995)

Im Abstand von nunmehr zwei Jahren zur öffentlichen Debatte um die Vorwürfe gegen den Kardinal erscheint es dem Autor möglich, das Buch in einem anderen Verlag zu veröffentlichen, ohne als Skandalautor mißverstanden zu werden. Denn er versteht den Text seines Buches weder als Anklage noch als Verteidigung, sondern als Nachruf auf eine untergegangene Institution – das Knabenseminar:

In Herders Kirchenlexikon (1882–1903) steht unter „Seminar" folgendes zu lesen: „Seminar (vom lat. seminarium, Pflanzschule) ist die gebräuchliche Bezeichnung für Anstalten, welche zur Heranbildung gewisser Berufsstände bestimmt sind. Das Eigentümliche derselben besteht im großen Ganzen darin, daß ihre Zöglinge unter steter Aufsicht nach einer bestimmten Hausordnung gemeinsam leben und nach einem feststehenden Plane sich ihre zukünftig nötige Bildung aneignen... Offizielle kirchliche Bezeichnung ist ‚Seminar‘ (seminarium clericorum) für die klerikale Bildungsanstalt, welche den Vorschriften des Konzils von Trient genau entspricht und deshalb wohl zum Unterschied ‚Tridentinisches Seminar' genannt werden kann... Es findet eine Teilung in das ‚kleine' (Knaben-) und das ‚große' (Priester-) Seminar statt... Aufnahme in das Seminar und Entlassung daraus, Anstellung der Lehrer, die innere Ordnung u.s.w. fallen dem Bischof zu..."

In den letzten eineinhalb Jahrhunderten haben die meisten Diözesen solche Knabenseminare – mit reichlicher Verspätung seit den Beschlüssen des Konzils von Trient (1545–1563) – gegründet und sie in den letzten Jahren wieder geschlossen oder in allgemeine und öffentliche Schulen in kirchlicher Trägerschaft umgewandelt. Die Idee, Knaben im Alter von zehn Jahren bereits in geschlossenen Bildungsanstalten zum späteren Priesterberuf zu formen, findet heute kaum mehr allgemeine Zustimmung. Die weltweite Krise des katholischen Priesteramtes – mit dem Ausfall eines guten Fünftels der amtierenden Priester, vor allem durch Heirat – zeigt sich so schon im Vorfeld der Rekrutierungsbemühungen. Die Erzdiözese, in der sich das beschriebene Knabenseminar befand, mußte innerhalb weniger Jahre beide derartigen Anstalten schließen.

Der Autor dieses Buches war selbst in den acht Gymnasialjahren vor seinem Theologie- und Musikstudium Zögling des Knabenseminars in H. Er blickt heute mit einer Mischung aus Unmut und Dankbarkeit auf diese Zeit zurück. Unmut – weil er die damals herrschende extrem autoritäre Pädagogik ebenso ablehnt, wie die verklemmte und bigotte Frömmigkeit jener Zeit. Dankbarkeit – weil in einer solchen Gemeinschaft eine kulturelle Förderung möglich war, die eine Familie selten geben kann. Im konkreten Fall war es eine spirituelle, literarische und musikalische Förderung, die auch nach Jahrzehnten – trotz allem Für und Wider – ihren grundsätzlichen Wert nicht verloren hat. Vor allem den Möglichkeiten der Musikpflege, des Orgelspiels und der Persönlichkeit zweier Priester hat er viel zu verdanken: einem damals jungen musikverständigen und spirituell prägenden Präfekten und einem zweiten, der in der Folge die Leitung des zweiten Knabenseminars der Erzdiözese übernahm. Dort hatte der Autor in späteren Jahren auch Aufgaben als Erzieher und Musiklehrer zu erfüllen. Inzwischen ist auch dieses zweite Knabenseminar geschlossen worden.

In der Zeit seither hat sich der ursprünglich harte und anklagende Protest gemildert, hat sich eine abwägende Haltung eingestellt, die in den „Tätern" von damals auch die „Opfer" jahrhundertealter Einstellungen erkennen kann. Daß solche Bildungsanstalten in einem von innen kommenden Zerfallsprozeß scheitern mußten, ist vielen inzwischen klar. Eine neue Gestalt des katholischen Priesteramtes und neue Wege der Ausbildung zu diesem Beruf sind inmitten der Trümmer des Untergegangenen jedoch nur schwer und undeutlich auszumachen.

Dieses Buch versteht sich als Nachruf, der weder verklären noch denunzieren will. Schon in den Jahren um das Zweite Vatikanische Konzil (1962–1965) haben sich die meisten Knabenseminare verändert, zu offener Weltsicht und partnerschaftlicher Pädagogik hinentwickelt. Daß der Zielpunkt einer solchen Entwicklung überhaupt eine Auflösung derartiger Institutionen sein würde, haben paradoxerweise eher die konservativen Kritiker solcher Veränderungen vorausgesagt. Vielleicht haben sie unbewußt gespürt, daß man autoritäre Strukturen und repressive Methoden nur ganz oder gar nicht reformieren kann. Das Scheitern der tridentinischen Seminarerziehung ist zugleich das notwendige Scheitern einer gestörten Vorstellung vom Christsein und Priestersein.

Dem weint dieses Buch und sein Autor nicht nach. Doch er versucht dem nachzudenken und nachzufühlen. Die Erinnerung an den uralten Versuch, Kinder in einen Beruf hineinzudressieren, den ihr kindlicher Idealismus ohnehin erstrebt und der in natürlicher Entwicklung in weit größerer Freiheit zur Entfaltung käme, soll nicht bloß deshalb vergessen sein, weil solche Versuche letztlich mißlingen müssen. Eine große Zahl der gegenwärtig lebenden und tätigen katholischen Priester sind durch solche und ähnliche Institutionen geprägt worden. In vielen von ihnen mischen sich rückblickend Zorn und Unmut in die Dankbarkeit. In wenigen Jahrzehnten wird es kaum mehr Zeugen dessen geben, was jahrhundertelang ka-

144

tholische Priester zu dem gemacht hat, was sie waren. Ein wenig von dem, was die Kleriker bisher geprägt hat, wurde in diesen Buchseiten festgehalten. Subjektiv und selektiv – weil es ja auch anders nicht geht. Seinen damaligen Schulkollegen und heutigen Freunden Peter W. und Franz H. dankt der Autor für das Auffrischen der Erinnerung und für manche Korrektur im Detail.

Von den handelnden Personen auf der Seite der Priester und Erzieher sind nur mehr wenige am Leben. Und sie würden aus ihrer Perspektive das hier Beschriebene kaum wiedererkennen oder vielleicht sogar als ungerechte Anklage auffassen. Doch von den Seminaristen jener Epoche leben noch Hunderte im mittleren oder höheren Alter, viele davon als katholische Seelsorger. Und aus den Seminaren anderer Diözesen kamen Tausende aus ähnlichen Lebensumständen und wurden ähnlich geprägt. Viele haben sich mit den Kindheitserfahrungen eines Knabenseminars ausgesöhnt, manche aber ein Leben lang nicht. Ihnen allen – wie auch immer sie mit diesen Erinnerungen zu Rande kommen – sei dieses Buch gewidmet. Es ist ein Nachruf auf etwas Vergangenes, das dennoch in vielen weiterlebt.